生命，因閱讀而大好

讓自己活得更輕鬆的50個心理習慣

寫給想太多的你，打破思維慣性，不再對每件事繃緊神經

藤本梨惠子——著
王薇婷——譯

序文

語言，無疑是人類所使用最有效的藥物。

——魯德亞德・吉卜林（Rudyard Kipling），小說家

「想拯救自己的人生。」

你是否有過這樣的念頭？

小時候的我，就已經下定決心：「長大後，一定要救自己。」

但是卻一直不知道該怎麼做才好。

我小學時，父母大小爭執不斷，家中玻璃窗破了也沒錢修，只能先貼幾張報紙應付。聽到朋友問我「為什麼不修理」時，讓我感到好羞恥。

後來還輾轉借住許多親戚家，光是國小、國中這幾年，就轉學了六次。

借住親戚家時，我的晚餐總是被藏起來。親戚看到我晚上九點還開著燈念書，也會罵我說：「電費很貴！」那時的我連讀書的自由也沒有，完全找不到容身之處。

高三起，我住進派報社的宿舍開始送報，並且仰賴獎學金研讀短期大學。在別人的眼中，或許會覺得我這樣「活得很辛苦」，但對我來說，只要認真工作就能擺脫被當成眼中釘、被人家大罵「給我滾出去！」的生活，就是一種幸福。可是，「無家可歸」這件事，始終讓我覺得非常不安且孤獨。

出社會後，我嚮往的生活依舊遙不可及。好不容易找到心儀的設計工作，但每個月的加班時數超過一百三十個小時。當時回到家就倒頭大睡，週末加班也是家常便飯。上班時聽到老闆辦公室不時傳來的怒吼，就會擔心他的矛頭會不會指向自己。身心不堪負荷的我，某天早上起床驚覺自己的門牙斷掉了。我這才知道，人在承受過多壓力的情況下，睡覺時會緊咬牙根的。

該怎麼做，才能在毫無壓力的狀態下工作？
該怎麼做，才能擺脫不安或孤獨？
該怎麼做，才能打造豐富的人脈？
該怎麼做，才能消弭金錢的不安？

我在內心尋找這一切的答案。

不久之後，我決定離開名古屋前往東京學習心理學。

在存款快要見底的情況下，我學習了不同領域的心理學。即使犧牲睡眠時間，也想多讀一點書。只要看到能拯救自己人生的內容，就立刻付諸實現。我是如此迫切地想要拯救自己的人生，想要過著幸福的生活。

在這個動機下，我學了心理諮詢、NLP、溝通分析等不同領域的心理學，也讓我找到無論遇到什麼困難，都能正向思考、努力克服難關的觀點。

人生不可能一帆風順，但我們能選擇用正面或是負面的態度去面對。只要養成選擇「正向思考」的習慣，被壓力侵蝕的時間就會大幅減少。

此外，改變自己的思維和行為，人際關係也會有所改善，將會認識到更多能好好疼愛自己的人，而非傷害你的人。

我四十多歲時被診斷出癌症第三期，當時支撐著我的就是心理學、正念等這些所學，以及許多溫柔善良的人。

現在的我，即使陷入困境還能處變不驚，也是因為我接觸了心理學。

要是沒有心理學，家境清寒、學歷不好、資質平庸的我，根本就沒辦法以講師、諮商心理師的身分，傾聽許多人的煩惱並一起找出解決方法；當然更遑論寫出自己的暢銷書了。

因此，我希望現在正感到苦惱、想拯救自己人生的你，也能學習並實踐心理學的思考模式。你將發現自己存在的重要性遠超乎你的想像！希望你能允許自己去實現更多夢想，過上更美好的生活。

本書結合了我珍藏的心理學思考方式和名人格言。

先人留下的這些至理名言，必能成為協助你克服人生難題的提示。

語言可能會讓你產生「我不行了，做再多也沒用」的念頭，因而自我設限。但同時，它也能讓你擁有「我一定做得到！」的想法，藉此拓展自身的無限可能。

這些名人格言一定能打動心思細膩、情感豐富的你，成為改變你人生的契機。

在我遭遇挫折時，有些名言也像護身符那般，被我緊抓在手中。這些宛如手槍扳機的名言，經常讓我想起曾經學過的心理學。它們總是鼓勵我、促使我奮發向上，並賜予我迎接全新挑戰的動力。

你所遇到的名言，也可能會讓你的人生出現一百八十度的大轉變。

你從眾多書籍中挑出來的這本書，必定能讓你脫胎換骨。

請打開書，找出各式各樣能改變你人生的名言吧！

藤本梨惠子

contents

目錄

第2章 關於溝通

第3章

實踐目標與夢想

第4章

面對工作

第5章

關於愛情

第6章 健康與疾病

第7章 金錢觀

第 1 章

整理心情

別讓自己處在
「不愉快」的情緒中，
保持心情愉悅
才能打造良好的人際關係、
發揮真正的實力。

01 取悅自己

人類犯下的滔天大罪，就是讓自己不開心。

——歌德（Johann Wolfgang von Goethe），詩人、劇作家

應該沒人想跟愛發脾氣的人交朋友吧？有個心理學實驗的結果顯示，受歡迎的條件之一，就是情緒起伏不大、心情總是很好。

那麼，為什麼整個社會總是充斥著「不開心」的氛圍呢？這是因為人會在不自覺的情況下，透過展現自己的「不開心」來控制周遭的一切。

據說某位日本搞笑藝人，年輕時總是喝酒喝到天亮，導致「漫才」*演出經常遲到。遲到就算了，他為了避免被前輩指責，於是怒氣沖沖，以不開心

的情緒來到現場。

在一般公司裡，也會有人在上班時藉著顯露「不開心」的情緒，讓其他人不敢上前攀談或交代工作。其實，這樣的情緒是會傳染的。若溝通時總是劍拔弩張，那就無法落實「凡事報告・有事聯絡・遇事請教」的工作精神，還會讓辦公室的氣氛逐漸惡化。

小時候只要鬧脾氣，爸媽就會想辦法逗小孩開心。於是人們學到，只要展現出不開心的情緒，大家就會來關心我、聽取我的意見。長大成人後，也會不自覺地以這樣的情緒來控制旁人。不過，這種方式對於增進人際關係毫無幫助。

情侶之間也是一樣，有時會看到「只要女朋友一發脾氣，男朋友就會想辦法哄她」的情況。可是，如果總是想試探另一半的底線，總有一天對方也會受不了。

※ 源自日本的雙人搞笑表演形式。

人們會在毫無自覺的情況下，選擇可以發脾氣的對象或地點。因此，有些人只會在和家人相處時耍脾氣，對其他人則不會。

所謂「能力與內心狀態成正比」，心理學是這麼說的。一個人再優秀，只要內心焦躁不安，就無法做出最完美的表現。

日本關西地區多年前曾發生傷亡慘重的電車意外，肇事原因是駕駛員為了追回誤點的時間，經過轉彎處沒有減慢速度。

這是因為駕駛員能力太差嗎？當然不是。要進日本鐵路公司工作，可是要經過重重考驗；想更進一步成為駕駛員，還得通過難度較高的考試。

可是，再優秀的人，只要內心狀態不佳，就無法發揮實力。據說當年只要電車誤點，公司就會給予嚴厲指導，給駕駛員帶來極大的壓力。

隨時讓自己維持在「最佳狀態」＝「好心情」，是改善人際關係，或讓自己的表現更完美的重要關鍵。

我在「教練領導學」的課程中，總是建議大家平常就要準備能讓自己心情保持愉快的物品。喜歡的飲料、書、影片，或是精油都可以。像我只要遇到討厭的事情，就會看一些讓人會心一笑的動物影片來轉換心情。

我們在鍵盤上打字時，最有效率的手指擺放位置，稱為「定位點」。如果每個人臉上都有一個能讓心情馬上變好的定位點，那應該就是笑容了吧？笑容能增強免疫力、調節自律神經及舒緩壓力的相關研究，在歐美與日本都獲得了許多專家學者的證實。

就算是假笑，也會讓大腦誤以為自己「正在笑」，進而分泌多巴胺、腦內啡等荷爾蒙來緩解緊張情緒。不妨就將笑容設成臉上的定位點，讓心情變得更加愉悅吧！

你臉上的定位點是笑容嗎？

02 壓抑情感會出問題

遭否決的事實會再次復活，跟那個人糾纏不清。

——菲利普・狄克（Philip Kindred Dick），科幻小說家

「我真的看不慣那些在電車上化妝的人！」、「看到有人罩的同事就超不爽的！」、「我討厭那個為所欲為的傢伙！」……你會對某些人感到特別煩躁嗎？

A小姐看不慣在電車上化妝的人，雖然對方的行為沒有造成她任何的傷害或損失。她之所以討厭，是覺得「電車又不是私人空間，在公共場合化妝是笨女人才會做的事」。

不過，當A小姐接觸了心理學之後，才知道問題不在化妝的那個人，而是她自己。

原來A小姐的父母當年盼望能生個男孩，結果卻生到女孩。為了獲得父母的肯定與疼愛，小時候的她不穿裙子，甚至刻意表現得大剌剌，跌倒也不輕易哭泣。不知不覺間，A小姐一直在禁止自己做出任何女性化的行為。因此，當她看到有人在電車上化妝時，便感覺對方是故意在公眾場合展示那些她壓抑的「女性特質」，所以無法容忍。

B小姐小時候為了不讓忙碌的父母操心，從來不耍脾氣，更為了協助父母，嚴禁自己表現出一般小孩會有的行為舉止。因此，當她長大後看到那些個性幼稚或是愛耍性子的人，就會感到不耐煩。

當孩子壓抑了想要撒嬌的情感，獨自一人乖乖在家而被稱讚時，可能會讓他們以為自己的想法是正確的，而產生了錯誤的信念：「不要撒嬌，才能得到父母的愛。」這在「溝通分析心理學」中，叫做「幼兒決定」，指的是孩子在幼年時期，為了適應父母或環境，犧牲了自然情感所做出的決定。

壓抑內心的自然情感會耗費許多能量，但人們潛意識認為這是唯一能獲得父母疼愛、讓自己活下來的方法。問題是，想撒嬌、感到悲傷與寂寞的情感並不會就此消失。最終，被壓抑的情感會以各種形式與問題出現，比如看到某些特定人物時會感到煩躁不安。

佛洛伊德（Sigmund Freud）提出的「精神分析」，曾提到「自我防衛機制」的概念。這是人們為了保護內心，避免因焦慮或內心衝突而讓心理崩潰的一種運作機制。它最基本的表現形式就是「壓抑」，也就是將自己不願承認的情感封印在潛意識中。

當你拚了命去壓抑「想表現得更女性化」、「想撒嬌」的念頭時，突然看到將這些行為視為理所當然的人，就會莫名惱怒。這跟正在減肥時，看到有人在自己面前吃蛋糕就會不開心的道理是一樣的。

不過，減肥是自己的問題，對方要在你面前吃蛋糕是他的自由，其實沒什麼好生氣的。女性化的行為或是想撒嬌的心情，同樣是他人的自由，自己根本沒資格說三道四。

就像菲利普．狄克說的：「遭否決的事實會再次復活，跟那個人糾纏不清。」如果沒察覺到強加在身上的枷鎖，那麼就會一直對他人有所不滿。

不妨試著將對方所做的一切，設想成是發生在自己身上吧！例如：

- 討厭花子小姐在電車上化妝↓討厭自己在電車上化妝
- 太郎很會跟別人撒嬌↓我很會跟別人撒嬌

這些事情，你是否也想嘗試看看？

當你出現不安、煩躁、悲傷等負面情緒時，就是察覺壓抑的情感，並將之釋放的大好機會。正視自己的情感、允許自己跟別人撒嬌，就不會再對某些人感到礙眼。

你壓抑在內心的情感是什麼？

察覺好時機

03

世上沒有所謂的「幸」或「不幸」，差別只在於想法的不同。

——約瑟夫・摩菲（Joseph Murphy），宗教家、評論作家

聽到有人說：「你好特別喔！」你會感到高興還是討厭呢？

我常在講座上問大家這個問題，抱持「跟別人不一樣不是件好事」這種價值觀的人，會討厭別人說自己「特別」；而將「特別」視為一種人格特質的人，聽到這種話則會很開心。

日本前首相小泉純一郎很喜歡聽到自己被稱為「怪人」，因為他的信念是「只有怪人才能推動改革」。

NLP（Neuro-Linguistic Programming，神經語言程式學）*認為，所有事情都是無色透明的，不會讓你感到悲傷或開心。要用什麼樣的信念與價值觀去看一件事，這取決於個人的感覺。

例1

事件	信念・價值觀	感覺
每次都只有我被交代一堆雜事	工作應該平均分配	只能聽人使喚，覺得很討厭
（情境不變）《	換框法	《
每次都只有我被交代一堆雜事	能者多勞	上司對我寄予厚望，能力被認可很開心

※探討心靈（神經）、語言如何影響行為模式（程式），是一種用來提升溝通技巧、自我改變、個人成長與領導能力的心理學應用工具。

上述例子利用NLP的「換框法」，引導人們練習如何以正向觀點來看待原本被視為負面的事物。以不同角度重新詮釋一件事，就不會被負面情緒牽著鼻子走，想法也會變得更正向、更積極。

例2

事件	信念・價值觀	感覺
車被偷	覺得自己很衰	沮喪

（情境不變）　《　換框法　《

車被偷	**買新車的機會**	**興奮、開心**

例2是我朋友遇到偷車賊的時候所進行的換框法。人生總是充滿意外，這時若以負面角度看待，厭惡的情緒只會不斷累積，讓人產生自己真的好倒楣的想法。唯有正向思考、擺脫負面情緒，才能擁有最完美的表現。

A先生總是把「大家都站在同事那邊，吃虧的只有我」掛在嘴邊。每當他走進咖啡廳，只要看到空間太狹窄或食物味道普通，就會立刻大肆抱怨。

像這樣以負面觀點看待一切事物、動不動就抱怨的人，會讓周遭籠罩在一片消極的低氣壓中，沒有人會對他有好感。如果讓自己跟身邊的人都感到鬱悶，那麼誰也不會感到幸福。

B小姐雖然被深愛的男友狠狠甩掉，但後來跟分手後才結識的對象結婚，過著幸福美滿的生活。她說：「我很感謝前男友那時候始亂終棄，不然我就沒機會認識現在的丈夫。」

以「點」的角度來看是不幸的，但以「線」的角度來看是幸運的事，其實多到不勝枚舉。

被趕出蘋果公司的史蒂夫．賈伯斯（Steve Jobs），成立了皮克斯動畫公司，推出的動畫電影票房屢創佳績。他並沒有因為被趕出蘋果而陷入低潮，反而將其視為挑戰的機會，勇於拓展出另一條康莊大道。

日本有句話說「轉災為福」，看似危機其實是最好的轉機。讓自己的情感與行動變得更正面積極，才是通往幸福的捷徑。

不妨將意外當作最好的轉機吧！

04 潛意識的信念會形塑人生

沒察覺到自己的潛意識，它就會支配你的人生。

——卡爾・古斯塔夫・榮格（Carl Gustav Jung），心理學家

「想擁有豐厚的人脈」、「想功成名就」、「想過幸福生活」……這些都是許多人心中的夢想。為了讓美夢成真，很多人努力「改變」自己的性格、溝通模式、工作甚至是體態。不過，為什麼都這麼努力了，結果還是不如預期呢？

「想提升工作績效，卻總是以失敗作收……」

「明明就有把握住機會，卻總是功虧一簣……」

「想跟伴侶建立良好的關係，卻還是分手了……」

會造成這種狀況，是因為你在「有意識」時許下的願望，跟你「潛意識」裡的想法相去甚遠。這就好比你將超強彈力帶的一頭繫在腰上，另一頭則綁在樹木上，然後朝樹的反方向衝刺。如此，不僅會跑到氣喘吁吁，只要稍微休息一下，又會被拉回原點。

為了避免這種情況發生，必須先了解「意識」與「潛意識」的關係。

所謂的「意識」和「潛意識」，到底是什麼意思呢？

「意識」指的是語言與思考。我們在想事情的時候，腦中會浮現「不是這樣，也不是那樣」這類以語言來思考的模式，這就是「有意識」的狀態。

「潛意識」則是身體的感覺，我將它稱為「不自覺」。

嬰兒時期的我們仰賴潛意識，因為沒有語言。即便無法思考，卻可以憑感覺，所以媽媽在身邊就會感到很安心，一離開則會放聲大哭。這些都不是靠大腦思考，而是用身體去感覺的。因為無法進行思考，所以嬰兒不會擬定「媽媽正在忙，我等個五分鐘再來哭」的計畫。

大人當然也有潛意識。「有種不好的預感」、「不知為何，這個人我喜歡，那個人卻讓我感到不自在」……這些「不自覺」都無法用什麼道理或理論來解釋，靠的都是身體感受。

人類就是受到這股不自覺的潛意識所驅使。有些學派認為意識與潛意識的比例是1%：99%，可見潛意識比意識更加活躍，這點是毋庸置疑的。

因此，如果不了解潛意識的本質，那就很難建立良好的人際關係，甚至功成名就、擁有財富。了解潛意識，才能成功掌握人生。

A小姐的母親長期當家庭主婦，某一天卻決定重回職場。一開始沒什麼問題，但從母親的收入超過父親的那一刻起，父母開始成天爭吵不斷，最後走上離婚一途。這件事讓A小姐在潛意識中植入了「女人的收入比男人高，就會帶來不幸」的主觀偏見。

長大後開始工作的A小姐，雖然表現卓越，但每到公司要調整人事時，她就會出現重大失誤而錯失升遷良機。雖然她的意識想要「升職加薪」，但潛意識卻告訴自己「女性賺錢就會不幸」。這件事顯現出潛意識的力量遠大於意識。

後來A小姐接觸了心理學，發現自己潛意識中的偏見，於是把內心想法修正成「女性升官發財，並不會招來不幸」。此後不僅順利高升，生活也變得更加優渥。

與佛洛伊德、阿德勒（Alfred Adler）並列心理學三大巨頭的榮格，就這麼說過：「沒察覺到自己的潛意識，它就會支配你的人生。」

眼前的這些問題，是否因為你的潛意識在害怕什麼？

05 從偏見中覺醒

無知是頑固，偏見是難纏。

——阿德萊・史蒂文森（Adlai Stevenson），政治家

看到有人在說悄悄話，內心就會想著「一定是在說我的壞話」，大家有過這種經驗嗎？也許是因為小時候曾被朋友排擠，於是有了「自己被討厭」這種主觀印象。

一旦戴上「自己被討厭」的有色眼鏡，那麼不管遇到什麼事，都會認為自己被討厭，這是來自錯誤的自我認知（偏見）。

有位諮商師前輩，小時候常聽祖母說：「動作快一點！再慢吞吞就把你的東西丟給小貓！」讓他從小就抱持著「動作不能這麼慢，要迅速俐落」的念頭。長大後，只要遇到必須即刻解決的情況，他就會感到煩躁、焦慮而無法冷靜。

從我的角度來看，那位前輩無論吃飯或走路都很快，工作效率也非常高，一點也不需要趕工。可是，就因為從小被說「動作慢」的自我印象未曾改變，讓他認為「慢不是一件好事」，而變成比一般人更急躁。

直到長大後接觸心理學，他才意識到這件事。可見這樣的主觀印象（偏見），遠比自己想像的還難纏。

我們經常下意識地將經驗進行「概括化」。「概括化」是指將例外或可能性排除在外，思考時會將事情的一小部分擴大為整體。「大家都○○」、「總是○○」、「一定是○○」等，這些都是極具代表性的話語。

如果你問那些總是認為「大家都討厭我」的人說：「你說的『大家』是

誰？你真的連一個交情不錯的朋友都沒有嗎？」對方通常會回說：「哎呀，討厭自己的就公司那兩、三個同事，身邊大部分都還是交情不錯或普通的朋友啦！」

我們經常透過「大家」、「總是」等常見的概括化詞彙，來強化自己的主觀印象。這時，不妨以提問的方式來打破這種偏見，消除自己內心的束縛，增加思考時的選項。這種方法在ＮＬＰ心理學中被稱為「檢定語言模式」，以下介紹幾個提問範例。

「所有人都討厭我。」
↓提問：「不討厭你的人，一個都沒有嗎？」
「我總是失敗。」
↓提問：「到目前為止，真的一次都沒成功過嗎？」
「我是笨蛋。」
↓提問：「為什麼你會這樣想？沒有什麼是你擅長的嗎？」

只要發現例外，就能找出解決方法。

如果抱持「這世上沒有人對我好」的偏見，那麼就算遇到對自己好的人，也會想著「這個人雖然對我很好，但他一定別有目的」。這麼一來，那些會對自己好的人，就會漸漸從自己的世界中消失。

人類總是只看自己想看的，只聽自己想聽的。

近代哲學之父勒內．笛卡兒（René Descartes）曾說：「人犯錯的主要原因，來自幼兒時期認知到的偏見。」一旦戴上錯誤偏見的有色眼鏡，這世界就會變成以自身主觀印象打造出來的世界。

你主觀認為的「總是」、「大家」、「絕對」，難道沒有例外嗎？

06 斷開糾纏的鎖鏈

壓迫別人的同時，自己也會被困在原地動彈不得。

——喬治・華盛頓（George Washington），第一任美國總統

與討厭的上司、同事共事，或是面對難以應付的客戶，大家都有過這樣的經驗吧，是不是只要一想起這些人，心情就會變得很糟？但偏偏這些討厭的人，總是讓你忘不掉。

A先生曾遇過在職場進行權勢霸凌的上司。不過他的祖父從小就開始告誡他「被欺負要學會反擊」，所以他不輕易屈服於上司的高壓統治，反而

勇敢表達意見。「居然這樣罵我，我絕對不會原諒他的！」憤恨不平的A先生，幾乎每天都在對抗上司。

這讓A先生累積了不少壓力，卻還是告訴自己：「現在就認輸的話，過去的努力就白費了」、「還沒報仇前，我絕對不會投降」。遺憾的是，最終他還是被壓力擊倒，還因為身體出狀況被迫離開公司。

像這樣抱持著「怎麼可以輸給對方」的念頭，持續與造成自己壓力的對象往來對抗，只會強化那些令人感到厭惡的記憶。

曾為英國殖民地的美國，在獨立革命大獲全勝後，喬治・華盛頓成為首任總統。曾於軍隊服役的他說過：「壓迫別人的同時，自己也會被困在原地動彈不得。」

令人厭惡的感情與記憶之所以會相互結合，是因為大腦裡的海馬迴與杏仁核比鄰而居。

海馬迴掌控記憶，杏仁核則會啟動不安、恐懼等情緒。當你感到壓力時，海馬迴的運作會變得遲鈍，現在與過去的時間界線會變得模糊不清。與此同時，杏仁核則會更加活躍，讓人彷彿正在經歷一個強烈的情緒體驗。因此，就算那些討厭的記憶早已成為過去，一旦觸發了，仍會令人感覺像是正在經歷一般。

德國哲學家尼采（Friedrich W. Nietzsche）說過：「與怪物戰鬥之人，要小心不讓自己也成為怪物；當你在凝視深淵時，深淵也在凝視你。」

當對方不懷好意時，你可能會思索著：「他下次會這樣發動攻擊，所以我應該要這樣防衛。」如此來回交手的過程中，自己也會越來越像那個自己討厭的人。

電影《小丑》的主角原本是個心地善良的青年，但經歷了貧困、歧視、失業等種種不幸後，他在個性不懂得變通的情況下逐漸變得孤立。最終，這份孤立演變成對社會的仇恨，讓他陷入瘋狂，搖身一變成為萬惡的存在。

一部分人受到這部電影的影響，開始模仿小丑的所作所為。在美國發生多起無差別槍擊案，在日本則是縱火案。

像這樣看完電影就跑去以身試法的人，當然是少數。但當我們反覆看到討厭的人那些令人不快的特質，像是迴避眼神接觸、說風涼話、咄咄逼人的態度，不知不覺中自己也可能會做出類似行為。當我們執著於想要控制對方或報復時，自己反而會變得越來越像對方。

為了不讓自己變成怪物，遠離討厭的對象是很重要的。面對這些人，最大的復仇就是忘掉對方，過著幸福的生活。

劍橋大學認知神經科學教授麥可・安德森（Michael C. Anderson）主張，藉由「動機性遺忘」，可以讓那些不良記憶的負面影響降到最低。動機性遺忘的方法中，有一種被稱作「思考置換」。

比方說，當你腦中隱約浮現那些討厭的人事物時，就趕緊回憶一些喜歡的人、可愛的寵物等可以喚起你正面情緒的事情。或者說十次「謝謝」，喚醒感恩的心情也很有效。總而言之，就是不要反覆想起那些讓自己感到厭惡的記憶與感情。

不妨就使用以「遺忘」為名的武器，來維持內心的平和吧！

07 改變穿著就能改變生活方式

服裝即是生活方式。

——伊夫・聖羅蘭（Yves Saint Laurent），時尚設計師

一般來說，從外表就可以看出一個人的精神狀態是否良好。判定憂鬱症的前兆之一，就是看一個人是否疏於打扮。

提倡「斷捨離」的始祖山下英子曾說：「房間髒亂的人，他們不會發現自己完全不在意外表打扮。無心整理家務這件事，會反映在外表上。」

相反地，神采奕奕、工作能力好的人，通常也很注重自己的穿著打扮，會挑選讓自己看起來更有精神、充滿自信的服裝。

美國總統進行重要演說時，身上的西裝會呼應美國國旗的顏色。紅色領帶代表強大的領袖風範，深藍色的夾克象徵誠懇，白色襯衫則是清廉。這些顏色不僅要讓民眾了解到總統是能改變美國的領導者，更是為了激勵自己。

聖羅蘭曾說：「服裝即是生活方式。」我從事設計工作時，都以輕便穿著為主，但成為講師後，大部分時候都穿上套裝。服裝打扮會隨著生活方式而改變。

演員也會以服裝來展現不同的角色特質。扮演不得志的中年人，會穿著不合身的西裝並駝背；扮演彬彬有禮的紳士，就穿上三件式西裝。由此可見，服裝打扮確實能呈現一個人的內心狀態或生活方式。

身為企業經營者的A不太喜歡上臺報告，可是為了讓更多人了解自家公司的魅力，他還是努力將簡報做到盡善盡美，更會特地穿上訂做的西裝跟珍藏已久的皮鞋。每當他一站上臺，整個人就會冷靜下來，並且瞬間充滿自信，最後順利完成簡報。藉由服裝的力量，完成自己不太擅長的簡報後，業績當然也跟著一飛沖天。

我們無法一夕之間大幅改變生活方式，但改變自己的服裝打扮，從當下這一刻就可以開始。服裝造型有所改變後，自我意象也會截然不同。一旦自我意象有所改變，生活模式也會跟著出現變化。

我有位朋友在國中時期是個對穿著打扮毫無興趣的動漫宅女，但她升上高中後，因為立志要交男朋友，於是戴上隱形眼鏡，並且認真鑽研時尚雜誌，終於打造出時尚女孩的自我意象。這不僅讓她打入時髦女孩們的小圈子，也成功交到男朋友。靠著改變自己的服裝打扮，她的生活模式產生了一百八十度的轉變。

時髦的B先生開始注重打扮的契機，則是「失戀」。他立志成為一個好男人，令當初提分手的前女友後悔。

他的第一步，就是買下當時對他來說，不便宜的一件名牌毛衣。接著，為了讓自己成為適合穿上這件毛衣的男人，他在工作上追求卓越，同時也努力鍛鍊身形。這一連串的改造結果，讓他認識了一位極具魅力的女性，兩人順利步入結婚禮堂。之後更離開公司，成功自行創業，現在他的所有作為，完全符合他的穿著打扮。

B先生說：「若對服裝妥協，對工作也會有所妥協。因此，我只穿自己認可的衣服。」

衣服不是因為便宜才買，重要的是去思考自己想過什麼樣的人生，再來挑選適合的服裝。因為你所選擇的服裝，會引來與之相符的工作和人際關係，進而塑造你的未來。

你身上穿的衣服，是否符合自己的生活模式？

08 孤獨使人成長

最棒的思考來自孤獨，最差的思考來自喧擾。

——湯瑪斯．愛迪生（Thomas Alva Edison），發明家

三木清的暢銷書《人生論筆記》（人生論ノート，暫譯）裡曾提到：「孤獨不在山中，在都市裡；不在一人之中，而在眾人之『間』。」

一個人住的時候，去超商買東西吃並不會覺得寂寞，因為架上商品通常是一人份，而來消費的人也多半是單身男女。可是，去超市買東西就會感到孤單了，因為在這裡買菜的人，大部分是為了回家做飯給家人吃。像是一盒切片魚肉都是兩、三片裝，如果去超市買菜是為了做飯給自己吃，就會感到孤單。

孤獨存在於人與人的關係之中。因此，若是一個人住在深山，應該也不會感到寂寞。

我求學時為了賺學費而到報社打工，並且住在公司提供的宿舍。每次去收報費時，傍晚時分站在訂戶家門口，總能聞到屋內傳來的飯菜香。這時候，我就會感到寂寞。香味撲鼻的溫暖飯桌，與我為了收報費而東奔西跑的生活是如此不同。

現在回想起來，在這段人生最孤獨的時期裡，我曾認真想過：「什麼是人生？什麼是幸福？」這也成為我日後接觸心理學，並且思考該怎麼做才能過得幸福的契機。愛迪生曾說過：「最棒的思考來自孤獨，最差的思考來自喧擾。」人在孤獨的時候，才有觀察、面對自己內心的機會。

客觀來說，這世上並沒有孤獨的人。我們是無法孤獨活著的。

即便是一粒白米，也是農家付出了許多心血，並透過銷售等眾人的付出後，我們才有辦法吃到。可見我們無法單靠一己之力活著。

不過，主觀感受到的孤獨並非如此，那是一種「沒人愛我」的感覺。因為不想經歷這種痛苦，人們會勉強自己去沒那麼喜歡的聚會，或埋首於工作、借酒澆愁。

A女士曾經以為丈夫「不愛自己」，成天擔心他在外面有其他女人。於是她選擇以育兒與沉迷在自己的興趣，來撫平「不被愛」的孤獨感。直到有一天，她在義工活動中找到內心的歸屬，因而全心全意地投入，現在整個人容光煥發。

歌德曾說：「才能在孤獨中孕育，人格則在社會的驚濤駭浪中得到最好的塑造。」雖然在人際關係中感到孤獨，但才能也會在那份孤獨中成長。放眼望去，大部分能成就一番大事業的人，都是活在孤獨中的。

出版過多本談論冥想書籍的奧修（OSHO）也說：「為自身的孤獨感到欣喜，就是冥想的本質……不妨就來體驗一下什麼是孤獨吧！」唯有處在孤獨之中，才可以不受他人的意志汙染，維持自身的本質。除此之外，他也認為真心愛著他人、充滿愛的人，就算孤獨一人也不會覺得寂寞。

高掛天空的月亮與太陽是孤獨的；在無人知曉之處綻放的花，也是孤獨的。不過，美麗的事物並不會感到寂寞，因為它的心中充滿愛。

這跟心理學提及的「不追求他人認同、尋求自我認同的人，比較不會感到不安，也會過得更幸福」的想法是一致的。只要認同自己，盡情享受「此時此地」，就不會感到寂寞。

寂寞是自己創造出來、只存在於自己內心的事物。孤獨可以孕育出寂寞，也可以創造出愛與才能，這一切都操之在己。

你從孤獨中孕育出什麼？

09 嫉妒是人生的羅盤

嫉妒心重的人就像鏽蝕的鐵，自身的氣質也會遭到腐蝕。

——安提西尼（Antisthenes），希臘哲學家

你是否有過「看著朋友的社群貼文而感到煩躁」的經驗？

某項研究結果指出，長時間看著Instagram、Facebook等社群媒體，拿朋友的貼文跟自己相比的人，幸福度會比沒看的人來得低。只要不放棄與他人做比較，就無法感受到真正的幸福。

動不動就想跟他人比較的A先生，曾經這麼說：「我很討厭年輕夫妻在社群媒體上分享『買到新家』的貼文，他們炫耀自己是有房一族，但明明就

有好幾十年的房貸要繳。像我自己，是一次付清買了中古屋。」

這就是「嫉妒」。其他人花自己賺的錢或父母贊助的資金，是他們的自由，對自己的錢包毫無影響。這種情況下，還是在意到非要評論個兩句才肯罷休，就是因為羨慕與嫉妒。

人之所以會嫉妒，是對方得到自己夢寐以求的東西，或是做了自己想做卻不敢做的事。因此，如果你對某人感到嫉妒，這就是你認識內心渴求的大好機會。

最關鍵的是，你要了解自己在嫉妒對方什麼；換句話說，要釐清自己到底想要什麼。以A先生來說，或許他想買的是新房子而非中古屋，或是希望得到「夫妻在自宅前甜蜜合照」的幸福婚姻，也可能是希望經濟狀況能變得更加寬裕等。像這樣釐清原因是很重要的。

釐清自身感到嫉妒的原因，就能知道自己想要的到底是什麼。

不過，要承認自己的嫉妒心，有一定的難度。「上傳那種和樂融融的照片，不就是想要炫耀嗎？」、「上傳那種東西，不覺得丟臉嗎？」……大多數的人都像這樣批評對方，將自己真實的渴望深埋在心中。

除此之外，也有人抱持著這種心情：「來看一下誰在上傳炫耀文吧！」、「只要看到有人過得不好，我就放心了」、「雖然自己的工作跟收入都很穩定，但看到人生勝利組的貼文還是會不太開心」。

像這樣拿他人的貼文跟自己比較，會在不自覺的情況下構築起人際關係裡的位階。要是沒有比對方過得更充實、更幸福，就會覺得自己輸了。

專門研究幸福學的學者前野隆司，曾在《幸福方程式：實踐・幸福學入門》（幸せのメカニズム 実践・幸福学入門，暫譯）一書中提到，想幸福一輩子，必須具備四項要素。

其中一項就是「做自己」，意思是放棄跟他人做比較，將自己擺在第一位，以「自我軸心」來過生活。

愛跟別人做比較的人，經常會認為人際關係就是一場勝負遊戲。只要看到對方在升遷、收入、結婚等方面大有斬獲，就會覺得自己輸得一敗塗地。

可是，對方過得幸福並不代表你就會陷入不幸。對方遭遇不幸，也不代表你就會幸福美滿。

既然如此，該怎麼做才不會時時刻刻在意別人的一舉一動呢？首要之務，就是找出自己喜歡或者會感到興奮的事。前野隆司的幸福學就提到，積極行動的人比較容易感到幸福。

不知道自己想做什麼的人，可以像我前面說的那樣，就從會讓自己感到嫉妒的事情開始吧！關鍵在於不要跟別人比較、不要在意結果，做就對了！

試著專注在自己想做的事情上，你將不會在意別人的生活，而讓自己的人生持續前進。

你真正想做的事情是什麼？

消除社群媒體疲勞

10

你怎麼看待自己，遠比其他人怎麼看待你還重要。

——塞內卡（Lucius Annaeus Seneca），古羅馬哲學家、詩人

你是否感到「社群媒體疲勞」？這是指長期且頻繁以網路進行溝通後，感到難受或疲憊的狀態。

「只要貼文的按讚數或追蹤太少，就會感到不安」、「會一直思考該怎麼拍照打卡，貼文才會受歡迎」、「就算正在跟人聊天，也會在意社群媒體」、「覺得自己在群組裡被排擠」、「看到通訊軟體沒有立刻回覆，會覺得壓力很大」……我們開始對本來要讓人們愉快溝通的工具感到厭倦。

A小姐常被社群媒體上不重要的訊息搞得心神不寧。看著朋友們開開心

心的貼文與照片時，她就會陷入沮喪，腦中不禁想著：「原來他那天跟這個人去那裡啊，難怪先前約他的時候，才說已經有約了。」或是看到朋友沒回自己的貼文，卻在其他地方留言時，她也會感到不開心。

A小姐在社群媒體上發文時，不只會重貼好幾次，有時候還會把上傳的貼文刪掉。平常就很在意他人評價的她，心情經常隨著社群媒體上的各種訊息起伏不定。

每個人都有「認同渴望」，但如果過度爭取別人的認同，只會帶來更多的痛苦。

「認同渴望」又被稱為「尊嚴需求」。當人們身處在職場、學校、家長群體等團體中的時候，要是無法感覺到自己獲得他人的認同，就會感到不知所措。

假如過度在意社群媒體，覺得按讚數不多、不被認可，自我的認同渴望就無法獲得滿足。

尋求他人的關注與讚賞，這種渴望被稱為「低階認同渴望」。以A小姐來說，她的自我認同來自於他人的關注，有些人則是靠著獲得財富、權力來爭取他人的認同。還有一些人在無法獲得認同時，就以權勢霸凌等方式，透過權力來支配對方，展現自己的力量。

小時候如果曾從父母那裡聽到「你的誕生就是爸媽最大的幸福」，擁有像這樣肯定自己存在的經驗，長大後就不會過度向他人尋求認同。相反地，只有獲得他人的認同才能感受到自己真正價值的人，一旦無法獲得認同，就會受到自卑、無力感的折磨。

「要上傳漂亮的照片到社群媒體，才會有人來按讚」、「想獲得讚賞，就要出門旅行或到高級餐廳拍照打卡」……這些作為的外在動機，都不是為了從行為本身獲取滿足，而是想藉此獲得他人的評價。下場就是容易被「他人評價」這種不穩定的因素耍得團團轉，心情也會隨他人的反應上下起伏，甚至還有被他人操控的可能性。

另一方面，「高階認同渴望」指的是不顧慮他人想法，只以自身標準來認同自己的渴望。「喜歡旅行，所以出國」、「喜歡吃東西，所以四處找美食，上傳社群只是為了做記錄」等等，這些才是屬於內在動機，目的在於行為本身而非他人的評價。不受他人左右，以自我軸心為出發點，真心享受自己喜歡的事物。如此一來，就不需要去獲得他人的認同。

越渴望他人的認同，自我認同的力量就會越薄弱。只想獲得他人評價，就不清楚自己到底喜歡什麼、做什麼事會開心。不要被好壞評價左右，專注在自己「想試試看」的事物上，才是通往幸福的捷徑。

你的一舉一動，是否皆以獲得他人評價為目的？

第2章

關於溝通

每個人都不一樣，
理解並尊重
每個人不同的價值觀，
正是溝通的起點。

成為對方的鏡子 11

如果說成功有祕訣，那就是理解他人的立場，並且能夠同時從自己和他人的立場來看待事物。

——亨利・福特（Henry Ford），企業家

認為溝通很難而為此煩惱的人，通常是因為無法在對方身上感受到安心和信賴感。那麼，什麼樣的人會讓人感到安心、信賴呢？答案就是跟自己相近的人，這在心理學上稱為「相似性法則」。

如果有個龐克風裝扮的人突然闖進眾人西裝筆挺的集會，無論那個人表現得有多麼和善，其他人一定會對他有所警戒。這是因為人在無意識中會認為，跟自己不一樣的東西具有危險性。

英國有句俗諺說：「要穿上對方的鞋。」為了穿上對方的鞋，你要想辦法解除他的警戒心、使他感到安心，那麼就必須讓他知道「我跟你是一樣的」。換言之，配合對方是很重要的。

ＮＬＰ心理學將配合對方稱為「同步」（pacing），可分為意識同步、潛意識同步兩種。

「意識同步」指的是言語與思考的呼應。例如以「咦？你在名古屋出生的嗎？我也是耶！」這樣的對話，找出與對方的共通點，藉此縮短心理上的距離。

「潛意識同步」則是指身體上「不自覺」地呼應。像是「不自覺地跟著拉髮尾」、「不自覺地跟著感到焦躁」、「我也不知道為什麼，就是喜歡這個人，但跟那個人處不來」，這些都沒什麼道理，就只是身體的感覺。

事實上，能對他人產生巨大影響的是潛意識上的同步。因此，善於溝通的人，通常也善於掌握潛意識。

潛意識的同步中，最重要的就是呼吸。當我們看到交情好的人們，總會說他們「意氣相投」。

熱戀中的情侶，就連在咖啡廳拿起咖啡杯的時間點都一模一樣，這也反映出他們「意氣相投」——喝咖啡＝吸氣的時間點相同。

若下意識地想去配合對方的呼吸，就代表你想配合對方的說話速度。說話速度慢的人，呼吸速度也慢；說話快到像連珠炮的人，呼吸則是淺而快。

每個人內心最深層的渴求就是感到安心、安全，也就是所謂的「生存欲望」。呼吸與生命密不可分，因此配合別人的呼吸，自然能得到更加踏實的安心感。

此外，呼應對方的表情、肢體語言，稱為「鏡射」（mirroring）。

一般來說，遇到任何事情都反應很大的人，通常會覺得反應冷淡的人很掃興；總是笑口常開的人，則會覺得面無表情的人很冷漠。因此，透過「鏡射」配合對方，在適當時機將自己的反應放大、展現笑容是很重要的。

我們無法用肉眼看見對方的內心與想法，尤其是涉及個人價值觀的時候，多數人害怕展現出來會遭受批評，因此很少有人完全敞開自己。基於這個原因，NLP心理學認為，可以先從迎合肉眼可見的事物開始，再去配合對方內心深處的想法與價值觀。

我剛接觸這套心理學技巧時，為了練習「同步」，曾跑到超商從遠處觀察一名駝背抽菸者的舉止與吐氣方式。學著學著，我突然發現自己的身體跟心情變得好沉重，似乎感受到那個人的疲憊。像這樣迎合肉眼可見的呼吸與行為舉止，就能更了解對方的心情。

透過同步去關心、觀察對方是很重要的！請隨時將內心的箭頭朝向對方，才能了解他人的心情。

要不要試著去配合在意的人的呼吸？

12 物以類聚

不知其子，視其友。

——荀子，思想家、儒家學者

經常聽到有人抱怨：「身邊都是一些沒用的傢伙！」、「整間公司都是廢物！」其實，這麼說也像是在昭告「我也不怎麼樣」。因為花朵四周會引來一大群蝴蝶，而糞便只會吸引蒼蠅到來。你所展現出來的特質，會吸引到相同性質的人事物。

如果你正猶豫著：「和這個人交往沒問題嗎？」不妨看看對方的交友狀況。態度認真的話，他的朋友也會很認真；愛玩的話，朋友也會很愛玩。

正在找尋結婚對象的A小姐，將擇偶條件鎖定在大公司上班、高收入。當她得知來參加聯誼的對象只是約聘員工時，態度瞬間轉變，不管對方講什麼都沒放在心上。

實際上，A小姐是住在家裡的打工族，但她卻自抬身價，將擇偶條件無限上綱。

不過來參加聯誼的人，也同樣以自身的擇偶條件來檢視像A小姐這樣的人。A小姐找對象時，並沒有努力讓自己變成符合對方條件的人，只是為了滿足自己的條件。就是因為她散發出這種氛圍，所以也吸引到同樣在尋找能滿足虛榮心的人。

俗話說「近朱者赤」，人類是群體的動物。

B先生剛進公司時，發現公司充斥著愛講八卦的同事和經常發脾氣的上司，他心想著「完蛋了」。但是三年後，他也已經融入其中成為一分子了。

看看你的上司，如果想要將來像他那樣，就表示進這家公司是正確的選擇。因為待在能視為典範的人身邊，自己才能越磨越亮。

《一流、二流、三流的銷售》（販売の一流、二流、三流，暫譯）作者，同時也是活躍服飾業的知名顧問柴田昌孝，大學畢業後的第一份工作在和服專賣店「YAMATO」。當年他的總經理說過：「鑽石要以鑽石來磨，人要用人來磨。」這句話，深深烙印在他的心中。

找到能互相切磋琢磨、給予彼此良善影響的朋友是很重要的。

中國春秋戰國時代是周王朝衰退後諸侯爭霸的亂世，政權荒廢、社會陷入混亂。就在這種情況下，儒學始祖孔子開始四處傳授政治與處世之道。

孔子最有名的中心思想是「仁」與「禮」。「仁」，是對他人體貼的心。「禮」，是將體貼的心意以態度展現出來，相當於現在說的「禮儀」或「款待」。

思想家荀子繼承了孔子的精神，他對那些不識字、難以靠自己努力的百姓說：「人性本質上是脆弱的，容易被欲望束縛，並傾向於憎恨他人，因此必須透過修習『禮』來約束自己，端正行為。」藉由學習禮儀的行為，內心也會跟著被導正。

因此，荀子曾說：「不知其子，視其友。」正因人性脆弱，所以容易受到周遭人事物的影響。由此可見，選擇能給予自己正面影響的對象與朋友是相當重要的。此外，自己也要培養「仁」（善良與愛），才能吸引到擁有這種特質的人們。

你身邊的人就是你的鏡子，他們會讓你更加了解自己。

你想被什麼樣的人包圍？

答案就在每個人心中 13

人與人之間的差異，遠遠超過人與野獸之間的差異。

——約翰．威爾默特（John Wilmot,），貴族、宮廷詩人

NLP心理學是根據幾個基本概念加以系統化的溝通技巧，目的是讓我們能活得更輕鬆。以下介紹NLP的兩個概念。

①地圖不是領土。

②尊重他人的世界地圖，是溝通的基本條件。

第一項的「地圖不是領土」，指的是人的「認知」與「現實世界」並不

相同。

我曾經參與汽車導航的製作，做過實地調查與核對地圖的工作。根據住宅地圖去調查實際的道路狀況，有時候會發現有新設的道路、新增的十字路口等狀況，這讓我知道地圖與領土（土地）是不一樣的。

我們的認知與現實有所差異，也是一樣的道理。

例如「沒吃之前覺得反感，吃了之後覺得好吃」的情況，就反映出一開始的認知（地圖）跟實際的食物（領土）是不一樣的。

對某些人來說，數學是極富魅力的學問，但對另一些人來說只是一種折磨。這也是因為人們對事物（領土）的看法（地圖）不同。

根據上述論點，我們來介紹第二項概念：「尊重他人的地圖，是溝通的基本條件」。

就像前面提到的，每個人對事物（領土）的看法（地圖）都是不同的。不過，我們經常把自己的想法（地圖）當作是這個世界的真實（領土）。嚴重一點的情況，就會演變成「同儕壓力」。

同儕壓力，指的是團體要求少數人要以多數人的思考模式來行動，屬於一種隱形的強制力。

自從聖德太子提出「以和為貴」以來，日本「迎合周遭一切」的文化就越來越根深蒂固。就像新冠疫情期間出現「自肅警察」*的現象，也是因為相較於歐美國家，日本更容易產生同儕壓力。

此外，孔子曾在《論語》中提到：「君子和而不同，小人同而不和。」意思是說有能力的人在妥協之餘，也不會喪失主體性；能力不好的人，雖然表面看起來很配合，但因為喪失了自主性，反而無法真心誠意地親近他人。

教練領導學也認為：「大家都不同也很好，沒有人是錯的。答案就在每個人心中。」凡事從尊重每個人的價值觀開始。有能力的人，會思考如何善用他人的人格特質。因為不站在對方的世界觀去思考，就無法進行有效的溝通。

一位聲稱「腦中有兩隻蒼蠅在飛」的男子，來找催眠大師彌爾頓・艾瑞克森（Milton Erickson）治療。在此之前，他求助無門，每位醫生都說：「根本沒什麼蒼蠅，是你想太多了。」

艾瑞克森卻將手貼近男人耳邊，仔細傾聽，然後說：「確實有蒼蠅在飛呢！」接著，他將這名男子催眠，並請助手到外面抓了兩隻蒼蠅放進瓶子裡。過了一會兒，他拍了拍男子的肩膀叫醒他，給他看瓶子，說：「抓到了。」這名男子於是對同行的家人說：「你們看，我就說有蒼蠅吧！拿出來我就好了。」說完就心滿意足地回家了。這正是因為艾瑞克森先認同了對方的認知，才能順利把男子的毛病治好。

每個人都不一樣，理解並尊重他人不同的價值觀，正是溝通的起點。

＊新冠疫情期間，日本民眾用來指稱「自恃正義要求他人或店家自我克制的人」。

你曾努力去理解並尊重每個人不同的價值觀嗎？

14 內心需要的養分

每天發自內心的感謝，就是結交朋友、打動人心的訣竅。

——戴爾．卡內基（Dale Carnegie），企業家

如果再過一小時，地球就要毀滅了，你會跟誰連絡？又會跟對方說些什麼呢？

也許你會跟家人說「謝謝」、跟戀人說「我愛你」、跟朋友說「謝謝你那時候救了我」、跟工作夥伴說「我很驕傲能跟這個團隊克服種種難關」。

那麼，我們何不現在就這麼做呢？畢竟人生有限，不知何時會發生什麼事，不是嗎？

在美國棒球比賽時，要是投手成功阻止打擊手上壘，觀眾席就會傳來盛

大的掌聲與歡呼聲。這是因為投出三振、無人上壘是很了不起的狀態，此時投手若能獲得大家的讚賞，肯定會加倍努力！

對於那些早已視為理所當然的日常瑣事，我們經常忘了表示謝意。爸爸每天工作維持家計、媽媽幫家人料理三餐、小孩努力健康長大、寵物每天在玄關迎接主人等，這些習以為常的事，其實都是一連串的奇蹟，我們應該對此心存感激。

有一位正在與病魔奮戰的人說：「醒來時沒有感到一絲疼痛，我心懷感激。」也曾因病倒下的我，對此心有戚戚焉。每天早上能睜開眼睛醒來，本身就是一種奇蹟。

溝通分析心理學認為，人活著就是在尋求撫慰（刺激、接觸）。對與自己打招呼的人回禮，也是一種正向的撫慰。傳達感謝等能讓對方開心的正面撫慰，就等同於是給對方認可。

認同分為「褒、勞、認」，也就是「褒獎、慰勞、認可」。每個人都有想獲得他人認同的需求。因此，「認同」可說是心靈的養分，它能讓人充滿自信，也能讓溝通變得更加圓融。

更重要的是，人在心懷感謝時，就無法同時出現怨恨、嫉妒、後悔、生氣等情緒。

不過，有一種認同的做法無法讓人增加自信，像是誇獎把玩具收好的孩子、發薪日慰勞另一半說聲辛苦了、對業績傑出的部下表示肯定等等。這些認同是聚焦在對方的行動，並且希望藉由認同，讓對方能做出對自己有益的舉動。

這種做法也經常用在小孩的教養上，是一種有條件的認同。如果不收玩具，就不給予讚美；如果業績差勁，就不給予肯定……這反而讓對方產生「做不到的話，該怎麼辦」的不安感。

相較之下，「感謝你的誕生」、「很開心能跟你共事」這類肯定對方存在的認同，會更具有力量，因為這是無條件認同對方的存在。

此外，有研究指出，心存感謝的人，即使遇到令人震驚的事件，也擁有較強的心靈復原力；甚至提到，感謝的心情能抑制憂鬱等症狀。由此可見，「心懷感激」對自己的身心健康也有益處。

而且，沒有人會因為被感謝而感到不悅。至於能不能找到值得感謝的事物，那就看你自己了。

今天有什麼值得感謝的事？有沒有將你的感謝告訴對方呢？

原諒他人就能幸福 15

犯錯是人性，寬恕是神性。

——亞歷山大・波普（Alexander Pope），詩人

你有那種「死都無法原諒」的人嗎？

我的溝通分析心理學老師曾說過：「常聽到有人說『我死都無法原諒那個人！』其實，並不是『無法原諒』，因為『原諒』或『不原諒』都操之在己。所以正確來說，不是『死都無法原諒那個人』，而是『我決定不原諒那個人』。」

無法原諒，聽起來像是外部的巨大壓力致使自己無法做決定，給人一種被動的感覺。可是，要不要原諒其實都取決於自己的心。

當我們被他人傷害時，大多數人會選擇迴避或報仇。報仇的方式，包括「挨打就還手」這種淺顯易懂的，也有那種連自己都沒察覺到的形式。

比方說，抱持著「我會如此不幸，都要怪父母」這種想法的人，就是將自己放在被害者的位置上。他們會無意中讓自己維持在不幸的狀態，藉此向父母報仇，證明「我的不幸，都是因為你們的教育有問題」。

如果事業有成、順利結婚或是被某個人珍視，就會因為變得幸福而將報仇一事拋諸腦後。因此，為了報仇，這樣的人會在無意識中破壞事情的發展，讓自己的命運變得坎坷。不過，這是一種對誰都沒有好處的行為。

某項研究顯示，容易原諒他人的人，也比較能夠向他人道歉。這些人會以同理心的角度思考「對方一定也有什麼難言之隱」，而傾向於和他人合作。因此，數據顯示他們的情緒比較穩定，幸福感也更高。

人處於高壓狀態時，內心會缺乏彈性，面對事情發生時的因應能力會降低，也就難以壓抑內心的怒氣。因此，如果想原諒他人，就必須讓自己處在最佳狀態。

TED是邀請各領域傑出人士進行演說，並將影片上傳網路供眾人免費收看的服務。阿齊姆・卡米沙（Azim Khamisa）與普雷斯・費利克斯（Ples Felix）曾以「接在悲劇之後的是什麼？寬恕」（What Comes after Tragedy? Forgiveness）為題進行演講。

一九九五年，卡米沙的兒子因為幫派入會儀式，慘遭費利克斯的孫子殺害。不過，就在加害者的祖父與被害者的父親認識彼此後，展開了一段原諒與被原諒的漫長旅程。最後，兩位決定攜手合作，希望別再讓其他年輕人遭遇這種憾事。

這必定是一條非常艱難的道路。然而，那些選擇了原諒的人表示，他們感受到內心的平靜。原諒，並不是因為對方的行為值得被原諒，而是如果不斷在心中戒備對方、每次想起就再次受苦，那只會消耗精神，無法讓自己獲得幸福。

最後，我想介紹一個心理學中為了原諒他人而進行的方法。

首先，可以想著：「自己同樣無法回應所有人的期待，也會不小心說出觸動他人痛處的話，所以，何不試著原諒對方呢？」接著，問自己：「從這件令人不快的事件中學到了什麼？如果這件事能讓我成長，會是哪些方面？」將注意力放在對自己有益的事情上。

就像亞歷山大．波普說的：「犯錯是人性，寬恕是神性。」雖然「原諒」很難，但原諒能讓自己的內心感到平靜。

小時候無須努力就能原諒他人，「不原諒」這個行為是長大後才養成的。我們生來就具備了原諒的能力。

你會如何原諒對方呢？

16 不要指責他人的錯誤

盡可能比別人聰明，但不要讓人知道。

——切斯特菲爾伯爵（Lord Chesterfield），英國政治家、外交官

有沒有一種人，非要指出對方的錯誤才肯罷休，不然會吞不下這口氣？這時候，如果無法站在對方的立場提出建言，人際關係就會出問題，還會讓自己感到更加焦躁、厭煩。

就算你自信滿滿地說：「你可能不太清楚，但這個是這樣的……」對方也不會心服口服或對你感到敬佩。

握有多個電視節目主持棒的搞笑藝人加藤浩次，曾在新婚時抱怨太太煮的咖哩很難吃。

因為不想要一輩子都吃這種咖哩，加藤先生跟妻子說：「你自己吃吃看，很難吃吧！」太太聽了後卻說：「你說我煮的咖哩很難吃，但你在電視上冷場時，我有嫌過你『很難笑』嗎？」太太一針見血的回覆，讓加藤先生語塞，只能丟下一句「囉嗦！」便離家出走一個星期。

從此之後，他暗自下定決心：「往後還是會誠實地說出自己的內心感受，但會更注意用字遣詞。」不能用一句「難吃」就全盤否定對方的努力，而是得在顧慮對方的心情下，以「咖哩塊好像放得有點少，味道有點淡」來取代。

直接指出對方的問題點，期盼對方能有所反省改進的想法，其實有點膚淺。這種行為就好像從對方頭上淋下一碗味噌湯，會直接傷害對方的自尊心。如果這麼做，就要有對方會朝自己臉上潑水的心理準備。

A先生覺得自己前陣子買的絲質襯衫有點貴，穿這件襯衫去見朋友時，朋友說：「什麼？這件襯衫居然要三萬日圓！會不會太貴啦？」

聽到這句話的A先生反駁說：「這件可是百分之百純絲製成的，跟那種化學纖維的襯衫不一樣，夏天穿也很涼爽。更何況這個牌子今年就要結束營業了，這可是以後再也買不到的珍貴襯衫啊！」拚了命地將買下這件襯衫的動機正當化。

不過，當A先生和另一名友人對話時，事情卻有了不同的發展。

朋友：「這件襯衫看起來很棒耶！」

A先生：「百分之百純絲，而且這個設計我很喜歡。」

朋友：「絲質穿起來很涼爽，可以的話，我也想全部換成絲質的。」

A先生：「但我覺得有點貴呀……」

朋友：「百分之百純絲雖然貴，但跟化學纖維比起來，觸感跟涼爽度都不一樣！這件比較好啦！」

A先生：「就是說啊！雖然花了三萬元，讓我為荷包感到心痛。」

只要有人指出自己的錯誤，腦中就會出現「對方發動攻擊」的念頭而加以戒備。每個人都渴望安心、安全，因此會找藉口逃避錯誤或予以正當化，而更加鞏固自身立場，不會輕易改變想法。

相反地，若是想法被接受、被重視，反而會省視自己；自知有錯時，也會坦誠面對。

被封為「心理諮商之神」的卡爾．羅傑斯（Carl Rogers）曾說過：「不要試著導正，要試著理解。」不要指責對方的錯誤，而是試著理解對方；說出口的字字句句都要顧慮到對方心情，才是建立良好人際關係的訣竅。

你是否有試著理解，而不是要導正對方？

17 禍從口出

雉雞不叫，就不會被獵殺。

——日本俗諺

不擅長溝通的人，或許是因為經常不小心就說了不該說的話。「雉雞不叫，就不會被獵殺」，意思是只要不多嘴就不會惹禍上身。這句日本俗諺，其實來自一個古老的故事。

很久以前，在上杉謙信和武田信玄曾展開「川中島之戰」的長野縣犀川河畔，有一個小村莊，這裡每逢秋季大雨就會氾濫成災，讓村民不知該如何是好。

村裡有位叫千代的小女孩，與父親相依為命。某次，千代罹患重病，躺在床上說想吃「紅豆飯」。當時紅豆是奢侈品，貧窮的父親根本沒錢買。無可奈何的父親只好從地主家的倉庫偷了紅豆，煮成紅豆飯給女兒吃，她的病情因而好轉。康復後的千代，四處唱著「吃了紅豆飯，病就好了」的歌謠。

聽到這首歌的村民感到納悶：「千代家那麼窮，怎麼吃得起紅豆？」因而一狀告上官府，父親因此被捕。官府認為河水氾濫就是因為有像他這樣的小偷存在，於是將千代父親作為祭品，活埋在河邊。

千代認為自己編的歌害死了父親，終日以淚洗面，直到某一天不再哭泣後，也沒再開口說過半句話了。

在那之後過了許多年，有一天，一位獵人聽到雉雞的叫聲，便用獵槍將牠擊落。當他走向雉雞墜落處的時候，他看到抱著雉雞的千代喃喃自語地說：「雉雞啊！你要是沒發出叫聲的話，就不會被射死了。」受到驚嚇的獵人說：「千代，你願意開口說話啦？」話剛講完，千代就此失去蹤影。從此以後，再也沒人見過千代了。

日後，對千代心生憐憫的村民們，也不再以活人獻祭了。

人們經常說「禍從口出」，指的就是人際關係會因為無心的一句話而毀於一旦。

A是那種想到什麼就說什麼的人，經常不加思索地說出自己的想法。有一次，與公司同事拍照時，他對身材圓潤的同事說：「你真的很上相！只看臉的話，根本看不出原來你這麼胖。」現場氣氛瞬間降到冰點。

身為美髮師的B，聽到客人說：「可以幫我剪一下瀏海嗎？聽說瀏海剪短，看起來比較年輕。」她會感同身受地說：「對啊！大家都想要看起來年輕一點。」這麼回話其實沒什麼問題，只是後來她又重複講了好幾次「想要看起來年輕一點」，不斷提及客人最在意的事情，因而徹底激怒對方。

A跟B其實都沒有惡意，只是不知道對方在意的點是什麼。

王牌服飾店員C，聽到客人說：「我這麼胖，這樣的設計不適合我。」

他會回說：「我不這麼認為，但若您在意的話，要不要改試穿這款？這是剪裁更舒適的洋裝喔！」絕對不會對客人在意的點表示贊同或重複提及。

如果不想因為自己的多嘴引起對方的不快，那麼就要從對話中了解到，哪些點是對方感到珍視的、哪些點是感到自卑的。這與你如何設身處地為對方著想有著密不可分的關係。

你的發言，是否會讓對方感到自卑呢？

18 由小見大

為身邊的人付出，同時也是在為全人類貢獻心力。

——聖雄甘地（Mohandas Gandhi），宗教家、政治領袖

每一回的色彩技能檢定課程，我都會跟學員說：「因為要進行個人色彩分析，請大家帶一位朋友來當模特兒。」這時，總會有人回：「可是，我沒有朋友可以拜託，怎麼辦？」

擔任模特兒可以知道適合自己的顏色，而且不必收取費用，所以不少女性朋友都躍躍欲試。如果確實將個人色彩分析的優點傳達出去，照理說很快就能找到模特兒，假使還是找不到，是不是就表示當事人不擅長社交呢？

來上課的學員都是想取得色彩分析師的資格，並仰賴這份專業維生，所

以培養人見人愛的特質是一件很重要的事。如果平常就不太受到他人喜愛，那麼想取得客人的好感更是難上加難。

德蕾莎修女（Mater Teresia）說過：「對小事也要付出真心，你的強項就在這些小事之中。」

人的心意會在微小的行動中顯現出來，而這些微小行動的累積，塑造著你的人際關係和人生。

不少人向德蕾莎修女表示想到加爾各答為窮人貢獻一份心力，她卻告訴他們：「要先愛家人或身邊的人。」有心的話，不用特地跑到千里之外的加爾各答，我們身邊其實就充斥著陷入困境、無助又渴望愛的人。為身邊的人貢獻一份心力，就有助於世界和平。

印度獨立之父甘地曾說：「為身邊的人付出，同時也是在為全人類貢獻心力。」

無法和善親切對待身邊的人，也無法為世界和平貢獻心力，這就是「見微知著」。

因此，不會為家人著想的人，也很難付出真心誠意與朋友、客人往來。

你的包包是否整理地有條不紊？

心理學中，有所謂「由小見大」的觀點。比方說，包包亂七八糟的人，房間應該也是雜亂不堪；房間雜亂不堪，思緒也容易陷入混亂。

曾有社會記者說，前往家暴或虐待的殺人現場時，一眼就能看出事發公寓是哪一間，因為案發現場的陽臺多半堆滿垃圾。內心的混沌程度，會直接反映在房子的狀態上。

有一段時間，我去上了烹飪課。那位老師做菜時不苟言笑，還不時會提點工作人員。這讓我感到害怕，覺得老師的嚴肅氣息瀰漫著整間料理教室。雖然課堂上選用了有益健康的食材與烹飪方式，但卻無法從做菜的人身上感到一絲溫柔。

最後的成品，味道過鹹了。看來，整堂課愁眉苦臉的老師，散發出來的強大負能量也反映到調味上了。

設身處地為他人著想這件事，並不需要從討厭的人開始，從喜歡的人著手就可以了。因為只要從小地方（部分）做起，就能拓展到更多人（全體）身上。

同樣地，如果想要人見人愛，第一步就是要讓身邊的人喜歡自己。想成就一番大事業，就要認真謹慎地從眼前的小工作做起。微不足道的小地方，必能成就更大的圓滿。

你有將心思放在微不足道的地方嗎？

19 真正的愛

神的名字毫無意義，對世界來說，真正的神就是愛。

——美洲原住民長老

你是否曾有過「我對他這麼好，他連看都不看我一眼」、「我為他付出這麼多，他從來沒感謝我」這類想法呢？說不定，部分問題的根源出在自己身上。當你充滿愛的能量時，你會被信任和被愛。然而，如果你一邊渴望被信任、被愛，一邊又試圖以「必須這樣」的方式控制對方，那麼事情就不會順利。

癌症患者經常遇到很多人來推薦各種健康食品、有療效的神水或宗教信仰，甚至還有人因此買了宣稱可治療癌症的高價護身符與陶壺。

我罹患癌症時，也有人跟我說這與祖先的業障有關，要我每天誦經一千次，並且必須洗冷水澡。

雖然我是無神論者，也不討厭每天唸經，但我知道癌症病人洗冷水澡是很危險的。冷水讓身體降溫，會降低患者的免疫力，更對術後傷口的復原不利。假若是以愛為出發點，就不會建議剛開完刀的病人在大冬天洗冷水澡。

美洲原住民長老說：「神的名字毫無意義，對世界來說，真正的神就是愛。」若這世上真有神，應該就是存在於每個人心中的愛吧！

愛，不應該有「不做〇〇的話，就不給你愛」的附加條件。

耶穌基督不會說「那個人是佛教徒，所以我不救」，佛祖應該也不會說「那個人是基督徒，所以我不救」吧？愛是不需要有任何附帶條件的。

不過，這世上卻隨處可見「不做〇〇的話，就不跟你當朋友」、「不做〇〇的話，就不愛你」這類帶有附加條件的關係。如果你的自我肯定感低且尊重需求高，就一定會吞下這些不合理的條件，只為了獲得對方的愛。

雖然想盡辦法獲得對方的認同後，我們會感到心滿意足，但也會因此產生強烈的依戀。依戀度越高，就越容易產生「要是對方離開、無法獲得認同，我該怎麼辦」的不安情緒。

那些從小就被父母以愛或認同之名控制的人，會容易為了微不足道的認同而盲目相信對方且言聽計從，這點還請多加留意。對孩子來說，情感交流（愛、憎恨、接觸、認同）是不可或缺的需求。

習慣控制小孩的父母，可能不會給予孩子任何情感的撫慰，或每次只給一點點；甚至要孩子學會忍耐，不能向父母索討安慰。這種情況，溝通分析心理學稱為「撫慰經濟法則」*。

如果想要傳遞真正的愛，就要擺脫撫慰經濟法則，也不要為了獲得他人的認同就唯命是從。

有些宗教團體會要求高額的奉獻，但這只是為了滿足宗教經營者私欲的金錢遊戲。因為神明絕對不會說「你不付這麼多錢，我就不救你」這種小氣的話。這是沒有愛的人，才會抱持的想法。

愛是自然湧現的，只要願意接受就值得感謝。它是沒有附加條件、索求金錢或要求回報的。

雲會吸附水氣，累積到一定程度就會下雨。雲不會因為人類沒有祈求就不下雨，也不會有「要我下雨的話，就給我祭品」的想法。

若心中有愛，就會順理成章地外溢到對方身上，不會有任何附加條件或要求任何回報。愛不是人或形式，而是一種能量。靠著這樣的能量去療癒每個人吧！如此一來，自然而然就能提高你的存在感。

※由心理學家克勞德．史坦納（Claude Steiner）提出，指的是人與人之間在情感互動中，傾向於「禁止自由給予和接受認可」的隱性規則。這些規則會壓抑情感表達與需求，進而造成心理問題。

你能無條件地去愛人嗎？

第3章

實踐目標與夢想

為了產生巨大的變化，
先從小行動開始，
這就是成功的祕訣。

20 未來掌握在自己手中

命運不是由天上的星星決定的，乃是由我們的想法決定。

——威廉．莎士比亞（William Shakespeare），劇作家

你是否認為命運是一出生就已注定，無法改變呢？其實不是的。命運的舵就掌握在自己手中，隨時都能改變。

旅行的時候，你會隨便跳上一輛路過的公車嗎？

當然，有些背包客會搭便車，他們漫無目的，只是隨性地環遊世界，但那是少數。大多數的人還是會先決定「想去巴黎」、「想去泡溫泉」這樣的目的後才會出發。也就是說，先設定好目標才踏上旅程，因此最後能夠順利

抵達目的地。

你的人生又是如何呢？「想從事能發揮強項的工作」、「想創業成功」、「希望找到理解自己的伴侶」……大家心中都有夢想的目標吧？如果沒有事先決定好終點，那就好像隨意搭上一輛路過的公車，會被許多突如其來的意外耍得團團轉。因此，在心理學、教練領導學的教導裡，設定終點是非常重要的第一步。

在導航上設好目的地後，系統就會帶你前往；如果沒有設定，系統就不會啟動。

人生也是一樣。決定好自己盼望的未來，命運就會帶你往目的地前進。

在這裡要問大家一個問題，請閉上眼睛回答。

「你此刻所處的空間中，有多少紅色的東西呢？」

回答後請再睜開眼睛確認，是否跟你的回答一致呢？

研習的時候我也會問參與者這個問題，接著再問：「認為超過五個的請舉手」、「認為十個以上的請舉手」。我會請大家舉手回答，但幾乎沒有人答對。明明在同一個地方待了一小時，應該會看到那些東西，但這些資訊卻沒有傳達到腦中。然而，如果先在腦中輸入「紅色的東西大約有幾個」這個問題，並豎起天線觀察周圍的空間，紅色的東西一下子就會映入眼簾。

大腦就像電腦的搜尋引擎，如果在搜尋欄輸入「東京車站」，就會找到關於東京車站的資訊。但要是沒有輸入任何關鍵字，那就找不到任何資訊。

相同地，如果在大腦裡設定了「想創業成功」的終點，你走在街上就會自動找尋創業相關的資訊，並且認識到許多能協助自己創業的人。沒有先在內心加以描繪的夢想是無法實現的。

除此之外，設定終點時，千萬不要使用「希望工作不要出錯」、「希望不要為錢苦惱」、「希望不要跟伴侶吵架」等否定句。

為什麼呢？讓我們來簡單實驗一下吧！

「請閉上眼睛，千萬不要想像企鵝的樣子。」

結果怎麼樣？站在冰上的可愛黑白小企鵝立刻浮現在腦海，對吧？

大腦是無法理解否定句的。因此，內心想著「希望不要吵架」時，只會想到過去跟人吵架的自己。

大腦會實現你內心的想像，所以設定終點時，不是以「希望不要吵架」這類想要避免的狀態作為目標，而是要以「希望能幸福美滿」的肯定句來描繪理想的狀態，這點非常重要。

以肯定句設定你盼望的人生終點，就能一步步朝目標邁進。就像莎士比亞說過的：「命運不是由天上的星星決定的，乃是由我們的想法決定。」

你現在對人生的盼望是什麼？

21 想像成功的結果

只要目標明確，就能帶來期待的成果。

——安德魯・卡內基（Andrew Carnegie），企業家

能夠實現夢想的人，與無法實現的人，到底差別在哪裡呢？

讓夢想、願望得以實現的關鍵，就在於「目標設定」。以鋼鐵致富的安德魯・卡內基曾說：「只要目標明確，就能帶來期待的成果。」

前文有提到，擬定目標時，要想著自己期盼的未來，而不是想要避開的狀態。

如果定下「希望不要緊張」這個目標，腦中就會出現緊張的自己。因

為大腦無法理解否定句，又會擅自實現心中的想像，反而讓你在上臺時更緊張，無法發揮原本的實力。

因此，要將「跟平常一樣就好」、「放輕鬆」等盼望的狀態設為目標，而不是那些想避開的狀況。只要腦海中想像一切順利，目標就容易達成。

想要更有效地達成目標，就必須擬定「超目標」*（超越目標的目標）。

假設以考上東京大學為目標，那麼就去想像自己已經成為東大學生、享受著大學生活。這種「興奮感」很重要，大腦會以入學為前提，讓你的想像得以實現。

另外，大腦無法區分現實和想像。所謂「望梅止渴」，光是在腦中想像吃酸梅的樣子，口水就會忍不住流下來，這表示某些時候大腦無法分辨現實和想像，因而有了生理反應。回到考試的例子來看，如果大腦感受到「入學

*「超目標」是康斯坦丁・斯坦尼斯拉夫斯基（Konstantin Stanislavski）所提出的演技概念，指的是角色在整齣戲中最根本、最深層的動機或人生目標，是推動角色在戲中所有行為和選擇的「核心動力」。

後的興奮」，就會產生「真實成功體驗」的錯覺。

念書的時候，盡可能像這樣以最放鬆的狀態塑造腦海中的美好想像，成果會更加顯而易見。

我的朋友、同時也是《大幅提升思考能力的思考術》（「自分の頭」で考えるコツを教えてください，暫譯）一書的作者濱田陽介，為了增強自己弱不禁風的肌力，四十歲開始重訓，目標是打造出像足球選手克里斯蒂亞諾・羅納度（Cristiano Ronaldo）的體態。

他固然可以定期用體脂率、肌肉量等數字來確認重訓成果，但這些都不是會讓人感到興奮的目標。因此，他才決定將目標設定為「擁有運動選手般的完美體格」。

他還進一步將超目標設定成：希望可以把T恤穿得很帥氣，聽到別人稱讚自己「身材很好」，以及每天都能以自己喜歡的狀態過日子。

讓人感到興奮的目標與超目標，讓濱田先生每天都願意花上許多時間與精力來鍛鍊體魄。

此外，濱田先生對於「有點難度的挑戰」，會試著告訴自己「沒什麼大不了的」。從心理學的角度來看，抱著「我當然做得到」這種沒來由的自信，反而能在沒有壓力的情況下竭盡所能，進而更容易達成目標。

我曾在讀書會遇見濱田先生，看到他只吃自己烹調的水煮雞肉、雞蛋，休息時間則喝乳清蛋白。為了打造理想體態，他在飲食方面下了不少苦功。

濱田先生說：「一開始的時候很痛苦，但練了兩、三個月後就習慣了。想著都已經努力到這一步了，要是肌肉又回到原點就太可惜。我現在已經沒有放棄的勇氣。」

以肯定句擬定目標，並想像讓人興奮不已的超目標，秉持「我當然做得到」的想法去努力，達成目標就會變得更簡單。

你所設定的目標或超目標，能讓自己感到興奮嗎？

22 小裂縫是突破的關鍵

只要讓對手移動了一公分，就能突破他的心防。

——彌爾頓·艾瑞克森，精神科醫生

催眠療法大師彌爾頓·艾瑞克森最讓人津津樂道的，就是再棘手的問題，他都有辦法解決。

某天，一位罹患重度關節炎而以輪椅代步、總是抱怨自己和身邊親友的男子，找上了艾瑞克森。

艾瑞克森得知這名男子只剩單手的大拇指能稍微活動後，就告訴他：「既然你的大拇指還能動，那麼就每天練習動動大拇指吧！」雖然男子想著「這種練習有什麼意義」，但他為了證明這種治療方式一點用都沒有，於是每天活動大拇指。沒想到，其他手指頭也開始跟著動了。

接著，艾瑞克森要求他油漆牆壁。雖然男子一開始想著「我做不到」，但真正行動後，他的手腕、手臂竟然漸漸地能夠活動了。最後，他甚至當上了卡車司機。

艾瑞克森的做法就是仔細觀察患者，絕不錯過一絲絲可能性，藉此拓展患者的無限可能。就這個案例來看，關鍵就在於他幫原本以為自己什麼都辦不到的患者，鑿開了一個小裂縫（找出例外）。

人們通常很抗拒面對即刻的巨大轉變。因此，要一點一點瓦解「我做不到」的成見，慢慢地讓他覺得「我可以」。曾說過「只要讓對手移動了一公分，就能突破他的心防」的艾瑞克森深諳此理，所以他非常注重患者的細微變化。

如果要幫助總是自嘆「做什麼都半途而廢」的人增加自信，讓他認為「我也可以持之以恆」，你會怎麼做呢？

有一位諮商心理師，只要求個案「每天把鞋子排整齊」。往後的一個月，個案每天都順利完成任務，於是心理師又替個案加上每天洗碗的任務。就這樣持續增加個案能持之以恆完成的任務。

人的潛意識中，都有傾向於維持現狀的機制。

因為能夠活到今天，靠的是到目前為止的想法和行動，這讓潛意識認為只要重複做相同的事，就能繼續活下去。所以，如果想要有所改變，就從細微的變化開始吧！

田徑十項全能的前日本冠軍、自稱「百獸之王」的藝人武井壯曾說，自己能在演藝圈存活下來，靠的就是每天各花一小時進行體能訓練、學習新知與習得新技術（共計三小時）。

這樣的他曾在社群媒體上寫著：「以前討厭每天都要努力，所以總是與機會擦身而過。後來為了改變這樣的自己，我從每天花十秒盡全力活動身體開始。因為要是一開始就說要跑三十分鐘或做三百個仰臥起坐，我一定會直接放棄。做什麼都可以，就從十秒開始。現在，我已經拉長到每天三小時。今天就開始吧！就算只有十分鐘，只要持續一年，人生就會有所改變！」

企業顧問布萊恩．崔西（Brian Tracy）說，只要每個月讀一本書，就能獲得自己所屬社會階層前百分之一的收入；每週看一本書，每年看五十本書，就能獲得專業範疇裡最高等級的專業能力。

「千里之行，始於足下。」現在開始，從自己能力範圍內的小事做起，人生就能有所改變。

為了產生巨大的變化，先從小行動開始，這就是成功的祕訣。教練領導學將這種「今天開始的一小步」稱為「嬰兒學步」，不妨就從踏出像嬰兒步伐的一小步開始嘗試吧！

為了產生巨大的變化，你從今天開始的一小步是什麼呢？

23 引導出最佳表現的問題

高品質的問題，打造出高品質的人生。

——安東尼．羅賓（Anthony Robbins），自我啟發書籍作家

教練領導學的溝通方式，是透過提問來引導對方說出內心的想法。學員透過教練的提問，能夠獲得全新的觀點，並自行思考找出答案。這種方法有助於整理思緒，進而確立達成目標的具體手段和行動。

教練領導學主張「有水準的提問，將成就你人生的品質」。

舉個例子，假設你獨自搭乘小船，在海上遇到暴風雨，最後漂流到無人島，手機完全沒訊號，此時你腦中會浮現以下哪個問題呢？

A．「為什麼會碰到這種事？」

B．「該怎麼做才能離開這裡？」

A的問題是感嘆現狀，對於出海的決定感到懊悔，甚至還可能會想著：「都怪那個建議我出海的傢伙！」像這樣把錯推到別人身上，只會強化自己不安的情緒。

所謂「遇到火災時，先滅火再來思考失火的原因」，檢討問題不是事發當下該做的事。

提出B問題的人，會開始「升火來引人注意」、「繞島一圈尋找食物」，為了生存而積極採取行動。

由此可知，即便面臨的情況相同，但只要自問自答的內容不同，就會大大改變你的動力和作為。大腦在提問的同時也會找出答案。

工作出錯時，也可以藉由提問改變應對方式。

A・「為什麼會犯錯？」

B・「該如何改善，下次才能表現得更好？」

提出A的人，可能知道原因出在哪，但不一定能想出解決辦法。此外，也可能會自責地想著：「居然會犯這種錯，我真的很沒用。」心理學的自我關懷（對自己的疼惜與關愛）實驗，已經證實越容易感到自責的人，下次犯錯的機率也越高。

提出B的人，則把重點聚焦在解決方式，而不是錯誤本身，因此會將所有心力用在找出因應對策，而非自責。

「每個人都可能犯下這種錯誤，所以更要思考怎麼做才能避免重蹈覆轍！」唯有接受這樣的自己，不浪費力氣自我檢討，並且努力思考解決方式，才能降低再次犯錯的機率。

開始做某件事時，如果問自己：「做不到的話該怎麼辦？」你的腦海就會浮現最糟糕的狀況，讓你被「不可能」的瘴氣包圍而裹足不前。

相反地，若問自己：「如果成功了，會有什麼好事等著自己呢？」腦中就會浮現目標達成時的美好景象、暢快心情，讓自己充滿幹勁。

「如果成功了」這個問題，在ＮＬＰ心理學中被稱為「假設框架」。抱著「做了或許會成功」的可能性，會促使人們開始採取行動。

不採取行動的話，無論設下什麼目標都無法達成。因此，對自己提出能增加動力、提升可能性的正面提問，是非常關鍵的一件事。

對你來說，如果某件事真的能實現，會有什麼好處呢？

24 不要輕易關上心門

失敗過一次，不代表永遠會失敗。

——瑪麗蓮．夢露（Marilyn Monroe），演員、模特兒

你是否曾在失敗時，想著「完蛋了……」就自行關上心裡的那扇門？

A先生是個被客戶拒絕就會想著「下一個客戶也一定會有狀況」的人，他甚至緊張到不敢打電話跟客戶約時間拜訪。無法拓展新客戶的A先生，自暴自棄地認為自己不適合當業務，是不是該換工作了……。

相較於此，業績出色的B先生，就算是曾經拒絕的客戶，他也會隔一段時間就試著再次接觸。

B先生說：「除非感覺不到一絲希望，我才會果斷放棄。所以要是沒有徹底拒絕，我就會再試試看。」他認為客戶之所以拒絕，只是「現在還不是向對方推薦這項商品或服務的時機罷了」，一旦時機成熟，客戶一定會有需求的。

此外，有些客戶雖然已經沒有業務上的往來，B先生還是會持續將產品資訊寄給對方。哪怕是因為財務狀況而暫停聯繫的客戶，只要等到景氣好轉，說不定又會重新購買自家的產品或服務了。

B先生絕不會想著「完蛋了」而關上心門，斷絕與客戶間的所有往來。

僅僅因為一次失敗就立刻放棄，實在是太可惜了。那些取得成功的人，往往經歷過更多的失敗。

愛迪生發明燈泡時，曾有記者問他：「是否失敗過一萬次？」愛迪生卻回答：「我從來沒有失敗過，只是學到一萬個可能會出問題的方法。」

NLP心理學認為「沒有失敗，只有回饋」。愛迪生認為自己不是失敗，而是得到了這個方法會有問題的回饋。從失敗中學習，才能找出成功的方法。愛迪生成功發明燈泡，也是經歷了無數次失敗，但他堅持不懈直到成功為止。

被封為「全球夢中情人」的國際巨星瑪麗蓮．夢露，走紅前當了好幾年默默無聞的女演員，直到她接受了「好萊塢要金髮才會紅」的建議。她開始將自己的頭髮染成金色，並潛心鑽研讓自己看起來更美的姿勢和表情，一步步成為舉世聞名的超級巨星。

但是，即便名利雙收，她還是因為家世背景、高中輟學等經歷，始終抱持著「自己教養不好」的自卑感。因此，只要有時間，她就看書、鑽研演技，盡一切努力讓自己晉升為演技派女星。她絕對不會因為一、兩次的失敗就放棄。

就連感情事，她也結了三次婚，代表她從未放棄當一個被愛的女人。

本田汽車創始人本田宗一郎說：「比起失敗，更令人畏懼的是放棄挑戰。」那些被稱為「王牌銷售員」的人，其實比其他人擁有更多被客戶拒絕的經驗，不過他們會透過失敗的經驗去思考「下次該怎麼做會比較好」。

遇到挫折或失敗時，你該做的不是生氣或悶悶不樂，而是應該思考你從中學到了什麼，如此一來才能讓自己有所成長。

你從挫折中獲得什麼樣的回饋呢？

25 成功的關鍵在於沒來由的信心

任何事情在成功之前，看起來都像是不可能。

——尼爾森・曼德拉（Nelson Mandela），前南非共和國總統

「堅持到最後的人」和「立刻放棄的人」，到底有什麼差別呢？

「堅持到最後的人」在開始行動前，就會抱著「自己一定能達成目標」這樣沒來由的信心，並將目標牢牢放在心上。如果腦海浮現「做不到」的念頭，就會因為壓力而讓心思變得混亂。

即使遭遇狂風暴雨，航行在海上的船隻也不會失去方向，這是因為船上的羅盤永遠指向北方。在內心持續描繪自己想實現的夢想，就跟羅盤總是指

向北方是一樣的道理。就算途中遭逢意外，也能沿著原本的航道前進。

作為南非首位黑人總統的尼爾森．曼德拉，曾因為反對當時的種族隔離政策而被囚禁了二十七年。更因為在獄中被迫至石灰石採礦場勞動，他的視力產生了永久性的傷害。即便身陷囹圄，他依舊是黑人解放運動最具象徵性的存在，全球各地不斷有人呼籲釋放他。多年以後，他因為「以和平方式終結種族隔離政策，並奠定民主南非的基礎」而榮獲諾貝爾和平獎。

曼德拉堅持自己的信念，最終廢除了種族隔離政策，他曾說過：「任何事情在成功之前，看起來都像是不可能。」

他長年以來的目標，就是打造一個讓不同膚色的種族都能共同生活的「彩虹之國」。

就像羅盤永遠指向北方，無論處在何種苦難裡，都不要輕易放棄夢想。唯有如此，夢想才得以實現。

沒有任何業務經驗的A先生，想要轉行改當壽險業務員。前上司為了阻止他，甚至對他說：「你一定會失敗，不准辭職！」

A先生剛換工作時，就算穿起西裝打了領帶，也找不到可以登門拜訪的客戶。坐在河岸邊吃著太太親手做的便當時，還被警察臨檢盤查過。

即便如此，A先生還是隻身前往王牌業務員齊聚一堂的世界大會，更發誓自己將來也要站上這個舞臺。於是他開始思考要做什麼才能幫助客戶，並且一一付諸行動。經過一番努力後，現在的他已經成為王牌業務員，也站上了當年的夢想舞臺，在紐約麥迪遜花園廣場舉辦的世界大會上接受表揚。

《從三流到一流的店長》（店長の一流、二流、三流，暫譯）作者，同時是知名企業顧問的岡本文宏先生，在剛創業的前四年也經歷過默默無聞、無法嶄露頭角的時期。面對即將彈盡援絕、剩一個月資金的困境，他害怕到夜不成眠。

於是，岡本先生把他在商業書籍中學到的「應該去做的事」全部列成清單，並忠實地逐一執行。在製作清單時，他特別將項目具體化到可以執行的層次，以確保自己一定能實踐。舉例來說，與其寫「讓更多人知道我的活動」這種模糊的目標，他會明確寫成「每週發行一次電子報」這樣具體的行動。人只要開始行動，就能消弭內心的不安，並且找到下一步該做的事。

岡本先生說：「雖然每三秒就會感到一次不安，但透過行動可以消除掉那些不安，因此我不再覺得事業步上軌道是不可能的事了。」

NLP心理學認為，達成目標最重要的關鍵，就是要沒來由地相信自己「一定做得到」。有了「我一定可以」的信心後，再逐步累積行動成果，就能達成目標。

採取行動時若感到不安，就試著把這些情緒通通寫下來。如實寫下內心浮現的念頭，就能訓練自己從客觀角度看事情，進而減緩壓力，改善低潮的狀況。這在心理學中，又稱為「書寫療法」。行有餘力的話，也可以同時寫下消除不安的因應對策，如此一來內心就能更加沉穩平靜。

如果今年一定會成功，你會想做些什麼？

第4章

面對工作

除了相信
「再努力一步就能成功」，
也需要有勇氣
去面對令人憂鬱的差事。

26 捨棄完美主義

神經大條一點，比較能抓到幸福。

——法蘭西斯・培根（Francis Bacon），哲學家

你是否凡事都追求完美？其實，有拖延症的通常是完美主義者。

- 想交出完美的企畫書，結果拖到截止時間前一秒或乾脆遲交
- 認為簡報一定要盡善盡美，因此害怕在大家面前發表言論
- 認為既然要打掃就要掃到一塵不染，反而遲遲無法動手

你有過上述經驗嗎？

這就是溝通分析心理學所說的，因為完美主義而產生的行為，例如擔心「沒有做到最好的話該怎麼辦」而不停胡思亂想，或是內心焦急萬分卻始終無法採取行動。

除此之外，完美主義者也很容易自責。「為什麼不能做得更好？」、「明明就知道該怎麼做，我真的很沒用」，這些人會在做了某些挑戰後嚴厲譴責自己，不知不覺中就難以鼓起勇氣嘗試新任務，因而一再拖延。

心理學實驗證實，容易自責的人，下一次失敗的機率會上升。但就算失敗了，也要學會接受並告訴自己：「也是會有這種時候！畢竟我們也是人呀！」原諒能力高的人，不僅心理壓力較小，成功機率也較大。就像善待他人一樣，對自己好一點吧！這在心理學中稱為「自我疼惜」。哲學家培根就說過：「神經大條一點，比較能抓到幸福。」

在一個心理學實驗中，研究人員向受試者展示了兩種影片，一種是菁英人士正在工作的畫面，另一種是他們不小心灑出咖啡的畫面。結果顯示，觀看灑出咖啡影片的受試者對影片中的人抱持更高的好感度。

有位媽媽為孩子做菜時，一律選擇沒有添加物的天然食材。不只如此，要是有只碗沒洗到，她當天晚上就會睡不著。如果樂在其中倒也無妨，但「必須當個好媽媽」的緊箍咒讓她凡事力求完美，連表情也變得陰鬱，毫無笑容。家人甚至對她說：「你讓我們快要喘不過氣。」她為此感到苦惱。

事事追求完美，確實會讓人感到壓迫且難以靠近。

松本伊代女士是資深搞笑藝人Hiromi的太太，她最為人所知的就是傻乎乎的個性。據說他們剛結婚時，有一次伊代女士煎的肉沒有味道，Hiromi便問她：「孩子的媽，這肉有加鹽巴和胡椒嗎？」結果伊代女士回答說：「咦？需要加嗎？」

Hiromi不時在電視上分享太太的傻事逗樂觀眾，但他總是帶著溫柔的笑容，覺得太太的言行舉止「很有趣」。

狗狗療癒影片中最受歡迎的，是類似散步後步伐變得很奇怪的柴犬，或是肚皮朝上躺在陽臺曬太陽的柯基。

我家貓咪最可愛的地方，就是牠的短腿。正是這些不足之處讓人覺得可愛。因為不完美、有著小缺點，所以可愛。

同樣的道理，神經稍微大條一點，才能讓人感到安心、開懷大笑。最重要的是，少了「沒有做到最好的話該怎麼辦」的沉重負擔後，就不會造成對方的心理壓力，進而能夠卸下心防，相處起來更自在。

讓對方感到放鬆、笑容滿面的人，才能抓住幸福。

你能接受不完美的自己嗎？

27 不要害怕變化

能倖存下來的並非強者或智者，而是能持續變化的人。

——查爾斯・達爾文（Charles Darwin），自然學家

你是否害怕組織或工作上的變化？「之前是這麼做的」、「我們公司一直以來的做法都是如此」，像這樣過度執著於先前的做法，無論是自己或公司都不會成長的。

我們的潛意識討厭變化。

即使身體亮紅燈、沒錢、人際關係又出問題，但靠著這樣的生活方式也活到了昨天，所以今天也打算這樣活著。工作上，如果捨棄原本熟悉的作業

模式就會感到不安，也會覺得花心力學習新方法很麻煩。所以，我們要理解並陪伴人們度過接受改變前的心理抗拒。

精神科醫生伊莉莎白．庫伯勒–羅斯（Elisabeth Kübler-Ross）將個人接受死亡的過程稱為「悲傷五階段」，依序為：①否認與孤立→②憤怒→③討價還價→④沮喪→⑤接受。

組織改革顧問辛西亞．史考特（Cynthia D. Scott）以此為基礎，將個人面對變化時的心理過程分為四個階段，依序為：①否認→②抵抗→③探求→④動力。

處在「否認階段」，會難以接受這些變化。若溝通的對象是下屬，上司就必須提供「為什麼需要組織改革」、「為什麼非改不可」、「對員工的好處跟壞處為何」等資訊。

處在「抵抗階段」時，雖然開始理解變化的必要性，但這時期會對這些變化感到憤怒、抗拒、沮喪。即使下屬將滿腔怒火發洩在自己身上，上司還是得具備「持續冷靜溝通」的耐力。

進入「探求階段」後，人們已經知道這些變化是無法避免了，因此開始學著適應。對下屬來說，可以試著先完成一些簡單的任務、累積成功的經驗，這有助於自己抱持著參與改革的「當事人意識」。

在「動力階段」，人們會自覺地去找出變化的價值、積極投入、靠自己的力量加以適應。不過，這個階段也可能會不自覺地在壓力下勉強自己採取行動。因此，上司必須持續關心、照顧下屬。

了解人們接受改變的過程，能讓我們對那些抗拒改變的人（甚至是我們自己），採取更合適的應對方式，並且做好心理準備。除此之外，還能減緩不必要的壓力。

如果想打破現狀、渴望變化卻不知該從哪裡著手，可試試以下方法。

①目前正在做的事情之中，有哪些是你可以放棄的？

②有什麼事是你沒做過但覺得試試看也不錯？
③對於正在做的事，如果改變做法會如何呢？

透過思考上述這些問題，就能找出可採取的具體行動。

提出「進化論」的達爾文曾說：「能倖存下來的並非強者或智者，而是能持續變化的人。」號稱地表最強生物的恐龍，也是因為無法承受冰河期帶來的改變而滅絕。

企業界也一樣，若無法趁早改變，遲早會被淘汰。因此，接受變化是很重要的。

為了得到期盼的結果，你必須做的改變是什麼？

突破難關的訣竅

28

將難題分解。

——勒內・笛卡兒，哲學家、數學家

你是否有過「就是提不起勁，能拖多久就拖多久」的經驗呢？回覆電子郵件、提交報價單、寫企畫案等，明明要做的事堆積如山，卻總是一拖再拖。

我在準備考試時，也曾有過「書念到一半，莫名其妙跑去打掃房間」的經驗。

為什麼念書時會突然想打掃房間呢？

這是因為大腦「捨不得拿出幹勁」。

舉例來說，就算我們累到筋疲力盡，一旦遇到歹徒襲擊時，還是會使盡全力拚命逃跑。為什麼還跑得動呢？其實是大腦為了因應突發狀況，平常都捨不得拿出幹勁。「幹勁」這種能量有限，只有遇到緊急情況才會派上用場。因此，面臨生死存亡之際，大腦就會立刻拿出幹勁。

相對地，面對結果未知的事物，大腦就拿不出幹勁了。花了很多時間準備考試，但因為不知道能否拿到好成績，所以大腦不會拿出寶貴的幹勁。可是根據過去的經驗，打掃完房間後通常會有不錯的效果，因此反而讓人幹勁十足。

換句話說，若想讓大腦釋出幹勁，最重要的是必須將讀書範圍與準備時間分割成小單元，讓大腦「看得到」明確的未來。執行「二十五分鐘專注工作、五分鐘休息」的「番茄鐘工作法」，就是根據這個方法來提高專注力與生產效能。

如果遇到前所未見的課題堆積如山，不知道該從何著手的情況，還可以按照笛卡兒提倡的「分割難題」去解決。

教練領導學中提到，面對想拖延的事或難題時，可善用「下切法」（Chunk Down）的技巧。這是將事物細分，讓人更好做事的技巧。「Chunk」就是一大塊的意思。

假設有個人的目標是「想成為獲得客戶信賴的業務」，但這個目標太抽象，會讓人不知該如何具體執行，這時候就要進行下切法。下切法就是重複「具體來說是什麼？」及「還有呢？」這兩個問題。如此一來，我們就能確認這項行動的價值，並決定跨出第一小步。

下切法提問

問：「想獲得客戶的信賴，哪些行動是具體可行的？」

答：「定期拜訪。」

問：「還有呢？」

答：「提供完善的售後服務。一有符合客戶需求的新產品推出，就要立刻拿著商品目錄登門拜訪。」

● 確認行動價值的提問

問：「獲得客戶的信賴有什麼好處？」

答：「讓自己很有成就感，客戶也可能會幫忙引薦。」

● 為了踏出第一步的提問

問：「為了達到目標，從今天開始可以做的事是什麼？」

答：「為了提供售後服務，可以去確認哪些客戶的租賃商品契約續約日快到了。」※記得告訴自己：我一定可以的！（自我認同）

如上所述，將「可以獲得客戶信賴」的行動加以細分，化為具體行動。方法和「嬰兒學步」一樣，只要決定好今天開始自己做得到的微小行動，就能激發大腦釋放出幹勁，進而更容易採取行動。除此之外，也別忘了告訴自己「我一定可以的」，幫自己加油打氣。

不妨將想拖延的事情加以細分吧！

誰才是真正的對手

29

令人畏懼的競爭對手，是對你絲毫不在意，一心只想提升自我能力與表現的人。

——亨利・福特，企業家

你是否非常在意競爭對手呢？

A先生自尊心很強，渴望獲得認可的欲望也很強。要是沒在部門裡獲得第一名的肯定，絕不輕易善罷干休。如果想獲得肯定，理應提升自己的實力或溝通能力，但他最在意的卻是假想敵的一言一行，反而無視自我成長的重要性。

比方說，當他看到有人打電話給假想敵，或是其他同事與假想敵聊天時，他就會跑去湊一腳，聽他們到底在講什麼。更有甚者，他隨時都在想方設法挖出對方的缺點來加以抨擊。

公司是個競爭的環境，這讓喜歡比較的人動輒將同事視為敵人，想跟對方一較高下。

若是因為將對方視為競爭對手而讓自己有所成長，這倒是一件好事。問題是自我肯定感低的人，看到別人一帆風順，就會自卑感作祟，不只心生嫉妒，還會想辦法破壞。因為對方的成功，彷彿就代表自己的失敗。

這樣的人，總是在意對手「是否被稱讚」、「是否獲得其他人的高度讚賞」，他們沒辦法將心思放在自己身上；對手想要有一番作為時，也會到處說人家的壞話。這是因為扯對手後腿、批評與貶低對手，並認為自己比對方優秀的想法，比付出努力簡單多了。

汽車之父亨利．福特，當年以生產線的模式讓汽車成功量產，不只促成汽車普及，產業結構的改變也讓勞動環境獲得改善。透過汽車生產這個引爆點，甚至使整個美國都變得富裕。

他曾說過：「令人畏懼的競爭對手，是對你絲毫不在意，一心只想提升自我能力與表現的人。」

B先生被同事視為假想敵，只要是他的提案，該位同事就會挑毛病，並且在背地裡說他的壞話。不過，B先生絲毫不以為意，甚至還下了很多功夫調查競爭的同業，不斷提出補足自家公司缺點的企畫。這些努力獲得顯著成果，讓他深獲上司青睞。這一切都是因為他只將心思放在如何提升自己的工作表現上。

五十戰全勝、稱霸拳擊界五大量級的世界拳王佛洛伊德・梅威瑟（Floyd Mayweather），靠的就是出神入化的防守戰術。隱藏在驚人成績背後的，是他投入練習的努力。認真到被封為「練習之鬼」的他曾說過：「你在休息時，我在練習；你在睡覺時，我在練習；你在練習時，我當然也在練習。」

梅威瑟的防守技術與自信，就是來自如此龐大的練習量。

現代的格鬥技，藉由影像來研究對手的打法已經是備戰中理所當然的一環。情蒐固然有其必要，但唯有面對自己、鍛鍊精進自己的人，才能成為君臨天下的王者。

勝出的關鍵，絕對不是去過度在意他人、羨慕對手成功，或者出於嫉妒而扯後腿或造謠誹謗，而是將心力放在自我磨練。

若問達成目標的人「你的對手是誰」，大多數都會回答「自己」。因為他們知道，真正要對抗的不是其他人，而是自己的沒自信，以及那些會讓自己遠離目標的想法和行為。

真正的對手不是他人，而是自己。

你有專注在自己的成長上，而不是在意他人嗎？

以成功為名的考驗

30

成功本身也是一種考驗。

——稻盛和夫，企業家

「比起黑暗，人類更害怕光明。」這句話是我的心理學老師告訴我的。第一次聽到時，我心想「怎麼可能？」大家都想幸福、想成功，所以才會持續努力到現在，怎麼可能會害怕幸福或成功呢？不過，當我進一步理解潛意識的運作後，我才領悟到：比起失敗、不幸，人們的確更加害怕成功或幸福。

我的朋友A小姐天生麗質，但卻很討厭別人稱讚她漂亮。聽她解釋後才知道，原來她姊姊從小只要聽到鄰居稱讚「妹妹好可愛」，就會故意欺負她。這種情況不斷上演，讓A小姐心中產生了「被稱讚＝等一下會被姊姊欺負」這個「X＝Y」的公式，因此厭惡並盡量避免被稱讚。

A小姐不只抗拒被稱讚外表，就連在工作上表現傑出、得到外界的正面回饋，她也無法坦率接受他人的肯定，或者認為「對方只是在說客套話」，因而不願意接受讚美。因為在潛意識的深處，她深信「不接受別人的讚美比較安全」。

抱持著「獲得別人的認同很危險」的A小姐，如果不願意轉念，就無法接受別人的認同，也很難有功成名就的一天。對她來說，要捨棄習以為常的潛意識模式也是一種考驗。

B先生提出的企畫被出版社採用了，但一年多過去他完全寫不出稿子，這件事最後無疾而終。原來是他擔心出版後會有很多人看到，自己寫的東西就可能會遭到批評。由此可知，如果想要出版作品，就必須有「為了迎接出版這道光，也得同時承受批評黑暗面」的覺悟。

C先生有個朋友，會在他工作不順時來安慰自己。不過，當他經歷千辛萬苦總算事業有成時，那位朋友卻突然變得很冷淡。

這就是將位階帶進人際關係的人，當對方遭逢不幸時，他們覺得自己高人一等；當對方功成名就時，就認為自己屈居下風。再加上想維持現狀、討厭改變的心態影響，導致那位友人只想跟「終生不幸」的C交朋友。

當你有所成長時，那些無法發自內心為你感到高興的朋友，就是和他們說再見的時候了。這或許會伴隨著寂寞，但也是一種考驗。

肯特・齊斯（Kent Keith）的著作《不管怎樣，還是要》裡也提到：「成功時就會得到假朋友跟真敵人。即便如此，也要成功。」

在事業上取得成功時，你會得到一些人的支持，但同時也會面臨更多的批評和嫉妒。想做的事情遭到反對時，你可以想想：「我要就此放棄嗎？」還是：「反對是預料中的事，我要想辦法完成！」以此確認自己對這件事到底有多認真。

你有成功的覺悟嗎？

光明與黑暗密不可分。只要成功就可能招來嫉妒與批評。很少人能在不被批評的情況下取得成功。

所以，不要只想著達成目標的光（好處），也要擁有接受黑暗（壞處）的覺悟。因為這才是達成目標和成功的本質。

成為賦予希望的人

31

領袖是散播希望的人。

——拿破崙・波拿巴（Napoléon Bonaparte），軍人、革命家

「為什麼做不到？」、「應該更早結束吧？」、「我自己來還比較快！」……你是否總是對下屬的工作方式抱怨連連呢？如果是這樣，或許是時候重新審視一下你對待部屬的方式了。

成為領導者的人，都是在第一線工作表現傑出的優秀人才。正因如此，就會拿過去的自己來跟下屬比較，心想：「為什麼不能再表現得好一點？」

A先生剛當上主管時，聽完下屬報告後，雖然口頭上會鼓勵對方：

「這樣啊？那就繼續努力吧！」但其實內心想著：「你應該可以表現得更好吧！」、「一般來說，應該是才對」。他總是在挑下屬的毛病，並追究他們的責任。

雖然下屬回說：「好，我會加油的！」但卻看不到半點成果。

某次，A先生突然回想起自己在第一線工作時的情景，發現自己並沒有將「該怎麼做」具體說出來。因此下屬表現不佳，是因為自己沒有給出讓人信服、覺得「這是必要的，來做吧！」的解釋。

A先生認為責任出在自己身上，於是學會了身為領導者該有的表達、傾聽方式，下屬也因此逐漸做出成果。

潛意識就像一大片玻璃。口頭上說得再好聽，但下屬早已接收到「你為什麼會做不到？給我認真點！」的真實想法。就算自以為隱藏得很好，但言談的態度、語調、氛圍都會傳達給對方。

身為公司高層的B先生，總是請祕書整理當天的會議清單。在走廊上遇到某個會議的負責人時，就會關心說：「〇〇，你今天負責某某會議吧？那就拜託你啦！」

聽到這番激勵的員工，內心就會想著「沒想到高層居然會注意到我這個小職員」，讓他頓時充滿幹勁。

如果一家公司擁有許多熱愛企業和自家產品的員工，這就表示公司和員工的關係（投入度）深厚，這不僅能提高生產力，還能降低離職率。

美國知名民調機構蓋洛普公司，為了調查員工的投入度（對公司的情感），設計了十二道題目，以下介紹其中三題。

- 在過去六個月內，職場上是否有人向你傳達過關於你進步的訊息？
- 過去七天是否曾因表現不錯獲得認可或讚賞？
- 上司、同事是否關心過你的個人狀況？

處在被領導者重視、獲得認同的環境，員工的投入度也會上升。

拿破崙從一個貧窮貴族之子，憑藉赫赫戰功一步步晉升為法國皇帝。他的天才戰術在歷史上屢被頌揚，但他同時也是一位擅長激勵士氣的領導者。

有一次，一位將軍建議發放獎金來提升士兵的士氣，拿破崙卻斷然說道：「勇氣不是金錢能買到的。」在征服埃及時，他也曾對軍隊說：「四千年的歷史正從金字塔頂端俯瞰著你們！」以此傳達這場戰役的歷史意義，鼓舞了軍隊的士氣。

拿破崙知道，士兵拚命的決心不是微薄的金錢或名譽可以驅動的。

面對下屬，領導者不是拿著皮鞭，而是要賦予希望，讓人充滿幹勁。

你有賦予對方希望嗎？

32 踏上英雄的冒險旅程

不憂鬱，哪算是工作。

——見城徹，編輯

幻冬社社長見城徹先生，創業前曾在角川書店擔任《角川月刊》總編輯，過去也曾推出多本百萬暢銷書。

見城先生說，他每天早上打開記事本確認工作時，要是沒有超過三件讓自己感到憂鬱的事，反而會覺得不安。一般人會想辦法避開憂鬱、痛苦的事，但見城先生認為：「輕鬆的工作不會有太大的成就，憂鬱才能創造黃金。」因此他才會特別選擇容易讓人感到憂鬱的工作。

擔任《角川月刊》總編輯時，即便遭到全公司的反對，他仍然堅持以因為沾染毒品而聲名狼藉的尾崎豐為主角，製作「尾崎豐－沉默的方向」專題。雜誌出刊前一天，見城先生因擔心銷售狀況而失眠，隔天到書店巡視時，卻發現買氣驚人，印製的九萬本幾乎銷售一空。連帶尾崎豐復出後的專輯《誕生》（BIRTH）也大賣，兩人還因此相擁而泣。

即使身處四面楚歌的狀況，仍然堅持貫徹信念的見城先生，他充滿力量的話語，在我某次必須重振一個專案時，給了我莫大的勇氣。我一直把見城先生的《編輯這種病》一書當作護身符，隨身放在包包裡。

A先生從第一線員工升為管理職時，上司告訴他：「管理職不像第一線員工會收到客戶的感謝，是個不開心也不有趣的職位。不過，卻是最能讓自己有所成長的位置。」

跳槽到A先生公司的員工，很多都是在業界表現傑出、不習慣被指揮的人。要讓這些人乖乖聽話，簡直是天方夜譚。

一開始，A先生跟這些下屬說「我們到會議室聊一下」，他們總是不屑地回答：「在這裡講不就好了嗎？」於是A先生下定決心：「比起受人喜愛，要先以受人尊敬為目標。」因為如果只想著要受到下屬喜愛，可能就無法提點他們該注意的事情，或者變成一味地去迎合下屬。

對於很在意下屬評價的人來說，斥責對方可能是件苦差事。不過，斥責並非感情用事地將怒氣發洩在對方身上，而是在理解對方的立場後，同時提出必須斥責的原因，以及改善的對策。這樣的上司才能得到下屬的信任，因為下屬知道自己能從中成長。

Ａ先生明白這個道理，所以立志要成為受人尊敬而非受人喜愛的上司。遇到「必須與反抗的下屬正面對決」這種令人感到憂鬱的情況時，該做的不是逃避，而是堅持到底。如此一來，不僅能讓下屬獲得成長機會，就連身為上司的Ａ先生也能跟著一起成長。

ＮＬＰ心理學中，有個「英雄旅程」的說法，這是指一種在全世界神話中都能看到的思維模式。以下是簡單歸納後，用日本童話桃太郎為例的經典英雄旅程。

- 一開始是普通人（桃太郎來到老爺爺和老奶奶身邊）
- 察覺到自己的任務（使命），展開冒險之旅（決定去打鬼）
- 認識能助自己一臂之力的夥伴（狗、雉雞、猴子等同伴）
- 遇到阻礙自己完成任務的敵人（鬼怪出現）
- 達成任務回到故鄉（打敗鬼王回到故鄉，讓大家過著沒有鬼侵擾的安穩生活）

如上所述，英雄總是會遇到名為「困難」的敵人。許多人遇到挫折時，都心想「完蛋了」就直接放棄。可是，遇到困難就代表你是以主角的身分活在英雄旅程中，是人生即將揚帆的證據。

因此，我們除了要相信「再努力一步就能成功」，有時也需要勇氣去面對那些令人憂鬱的差事。黎明前總是最黑暗的。

你能如英雄般勇敢面對逆境嗎？

33

「為人」比「處事」更重要

你的為人比你的話語更有說服力，我幾乎聽不見你說了什麼。

——智者教誨

你是否曾經煩惱過「身邊的人都不聽我講話」、「每次提案都不被接受」、「被人討厭該怎麼辦」……或許，這是因為你只在意「處事」而非「為人」。

如果以下三家媒體報導「日本琵琶湖出現水怪」的新聞，你會相信哪一家呢？

①《體育日本報》的報導
②ＮＨＫ的新聞報導
③《朝日新聞》頭版報導

研習的時候我經常問參與者這個問題，即便大家意見分歧，也沒人會選擇相信《體育日本報》。因為人們會以平常報導新聞的可信度，來決定是否要相信某一家媒體寫的報導。這就表示「比起說了什麼，人們更在乎由誰來說」的重要性。

有些人為了擁有社會影響力，會以出人頭地、成為有錢人為目標。不過，真正能影響他人的，是你的「為人」。

教練領導學或ＮＬＰ心理學都強調，「為人」比「處事」更重要。

「處事」是你做了什麼的「Do」。

「為人」則是「Be」，指你是怎麼樣的一個人。「為人」是你的思考方式、性格。

事實上，「為人＝Be」會決定「處事＝Do」。

舉例來說，A先生認為「自己是壞人」，B先生認為「自己是廚師」。當兩人看到菜刀放在面前時，會如何使用呢？認為「自己是廚師」的A先生，一定會用這把菜刀來做菜；而認為「自己是壞人」的B先生，說不定會拿刀去做搶劫之類的壞事。即使同樣面對一把菜刀，如果「為人」（Be，也就是一個人的想法）不同，「處事」（Do，也就是行為）也會隨之改變。

心理學認為「為人」會影響他人。老是遲到的上司，就算告誡下屬不要遲到，也沒有半點說服力。跟孩子說「要和其他人當好朋友」的媽媽，如果背地裡總是說其他人的壞話，那麼孩子也會學到母親的「為人」。這樣一來，孩子很可能就會表面上和朋友交好，背後卻說對方的壞話。

德蕾莎修女剛到印度貧民窟奉獻時，身上只有五塊盧比。不過，她還是為無法就學的孩子們設立了「藍天教室」。因為她認為，唯有學會讀書寫字，才能擺脫歧視或貧窮。

正是因為有這樣的事蹟，從她口中說出的「不是分享財富，而是要分享彼此的匱乏」這句話，才更具說服力。

德蕾莎修女過世時，印度為她舉辦國葬，吸引許多人前來弔唁。這就證明「為人」決定了「處事」，以及由此產生的強大影響力。

有些人會說「我雖然沒做到，但大家要多注意」，這種光說不練的行為是無法影響他人的。如果想影響別人，就必須先從自己做起，以行動來實踐自己倡導的理念。

你是以什麼樣的「為人」與其他人相處呢？

第5章

關於愛情

愛自己的個性和魅力，
並且好好照顧自己，
幸福指數就會上升。

愛上對方的缺點

34

理解，是愛的另一個名字。

——釋一行，禪僧

你談戀愛時，是否連對方的缺點都能包容呢？

剛開始談戀愛，眼中只有對方的優點，但隨著時間久了，就會開始在意對方的缺點。

一種被稱為ＰＥＡ（苯乙胺）的物質，也被譽為天然的愛情靈藥。它在雙方剛認識、彼此還不太熟悉時會大量分泌，讓人心跳加速。然而，ＰＥＡ最多只會分泌三年。這就是為什麼人們常說愛情的保鮮期只有三年的原因。

戀愛初期，我們容易被與自己完全相反的類型所吸引。這稱為「互補性原理」，是一種心理傾向，期望對方能彌補自己不足的部分。在PEA大量分泌的戀愛初期，我們會把對方跟自己的差異視為優點。不過時間一久，就會出現「我跟這個人合不來」的厭惡感。

缺點，是優點的反面。

舉例而言，具有領導能力的人，缺點可能就是有點強勢；溫柔善良的人，或許會有些優柔寡斷。就像銅板有正面與反面一樣，我們也必須了解對方的缺點是他優點的反面，進而學會接受。

如果小時候的親子關係讓你感覺自己是不被愛的，那麼，要小心別將過去的親子關係投射到戀愛關係上。

最具代表的行為就是「理想化與貶低」。這是指人們在初識時，會認為「這個人就是命中注定的對象」而將對方理想化，但只要出現讓自己不滿意的地方，態度就會瞬間轉為貶低、責罵對方。

一心想從被自己理想化的對象身上得到父母般無條件的愛，一旦感覺自己的全部沒有被對方接受，就會覺得自己被拋棄了，進而責怪對方。

這種相處方式，無法與對方共度幸福的人生。一個人長大成人後，如果還期盼從他人身上尋求小時候沒能從父母身上得到的愛，這是不健康的。

重要的不是去尋找一個沒有缺點的對象，而是要察覺自己將什麼投射到對方身上，並從中療癒自己的內心。

另外，有時候我們會從對方身上看到自己壓抑許久的缺點，因而責備、厭惡對方。

舉例來說，A小姐過去無法接受自己身材肥胖的樣子，於是努力減肥，因為她相信變瘦之後會更容易被喜愛。

但這樣的結果，讓她變成一個對外貌百般挑剔的人。不只是體型，就連他人的髮型、妝容都可以挑三揀四。在一個企圖改變自己的人面前，沒有人能感到輕鬆自在。因此，A小姐的戀愛總是沒多久就告吹。

要小狗喵喵叫、教小貓握握手，這都表示你根本不愛小狗小貓的原貌。小動物們不需要任何改變，就已經是完美且值得被愛的存在。

你能接受自己的缺點嗎？

無法接受對方的原貌，是因為你不愛自己真實的樣貌。對自己的懶散束手無策的人，看到別人笨手笨腳也會覺得不悅。

其實，只要學會面對、接受自己的缺點，就不會去在意對方的缺點了。

就像小狗小貓保持原貌就很可愛一樣，即便你有缺點，你也是完美的存在。學會接受自己以後，就有可能學會接受他人，理解這點是很重要的。

35 愛是不能討價還價的

不求回報的愛，就是慈悲。

——瀨戶內寂靜，天台宗尼僧

如果因為喜歡的人對自己不理不睬而感到痛苦，這或許不是愛。

佛教裡將要求對方回報的愛稱為「渴愛」，指的是口渴的人拚命找水的執著，而這會變成「因為我愛你，所以你也要愛我」的討價還價。

釣魚的人不是為了餵魚才放餌。他們把魚餌掛在魚竿拋入水中，是為了釣魚。

就跟釣魚一樣，「渴愛」不是想給他人愛，而是「渴望被愛」。用「深愛對方」的樣子來交換被愛，讓愛情成了一種交易。如此一來，根本就沒辦法談一場美好的戀愛。

心理學一般認為，人們的動機會影響結果。撒下向日葵的種子，不可能開出繡球花。強求的愛情，最終也會離去。

大家可能在新聞上看過類似事件，事業有成的男性企業家憑藉財力娶了年輕貌美的女性後，慘遭覬覦財產的妻子殺害。男性企業家原以為金錢無所不能，甚至能贏得女人的芳心，卻沒想到最終因此賠上了性命。

人會吸引與自己散發相同能量的事物。

如果深信「錢代表一切」，那麼聚集在身邊的就會是覬覦錢財的人。

「渴愛」的反義詞是「慈悲」，指的是不求回報、無償的愛。

年輕時愛得轟轟烈烈的瀨戶內寂靜曾說，「每次付出都要求回報」是人生最大的煩惱。

佛教認為愛會產生痛苦。正如「愛憎一如」所揭示的，愛與恨是一體兩面。因為深愛著對方，就會苦於「我對他這麼好，他卻一點都不懂得感激」，因而心生怨恨。有時候，我們會誤以為自己需要對方的心情是一種愛，但那往往只是單純的占有欲。

佛教認為「真正的愛」是慈悲。那是單純希望能消除對方的痛苦、讓他人過得幸福的心情。瀨戶內寂靜曾說：「不求回報的愛，就是慈悲。」

既然如此，該如何判斷自己的愛是佛祖賦予眾人的「慈悲」（不求回報的愛），還是渴望被愛的「渴愛」呢？

舉例來說，如果你為心愛的人做了某件事後，對方不知感恩，態度還非常冷淡，而這令你感到受傷，或許這就是「渴愛」的一種表現。因為有所期待，所以對方的表現不符期待的話，就會覺得很受傷。

另一種情況是，雖然不求對方回報，但為對方付出時，認為自己是在犧牲和隱忍，這樣也不是慈悲的愛。

此外，以被害者心態接近對方，希望獲得對方的同情或關心，這也不是健康的愛。

我還住在鄉下的時候，一到夏天就會收到農夫朋友採收的番茄或小黃瓜。從他們的觀點來看，有人願意收下多餘的農作物，不僅幫了自己一個忙，也讓人感到開心。因此，他們不會要求任何回報。

同樣地，真正的愛是從你內在源頭滿溢出來的，讓你忍不住想要給予他人。即使對方沒有接受你的愛，你也不會因此感到受傷。

為了實踐慈悲（不求回報的愛），最重要的是先讓自己的心中充滿愛。

你的愛是不求回報的嗎？

36 傷痛讓人成長

愛過又失去，比從未愛過好得多。

——阿佛烈．丁尼生（Alfred Tennyson），詩人

當你被甩的時候，是否曾沮喪地認為「我沒有魅力……」、「我這個人沒有被愛的價值……」失戀、離婚，甚至是生離死別，都是人生中相當痛苦的一件事。

日本有句成語叫「一心同體」，意思是兩個人陪伴彼此度過很長一段時間後，會認為對方是自己的一部分。這種狀態在心理學中，被解釋為「對方成為自我認同的一部分」。因此，失去重要的人，會痛到彷彿自己身體的一部分被撕裂。

Ａ先生因為離婚而大受打擊，導致他食不下嚥、夜不成眠，甚至無法跨進常帶孩子一起洗澡的自家浴室，只好每天跑到公共澡堂。他就這樣過了好幾年四處喝酒、喝到三更半夜才回家的生活。

很多人離婚後，無法回到充滿回憶的家，也無法靠近與家人一起走過的街道。因為所到之處都充滿回憶；就算是舊傷，碰到了也會痛。當初過得越開心，現在要承受的悲傷、寂寞就越巨大。Ａ先生說自己光是在街上看到一家大小和樂融融的樣子，就會落寞地想著：「為什麼現在的我孤單一人？」

後來，Ａ先生為了重新站起來，開始接觸心理學。至今已經取得諮商心理師的資格，並且為許多人提供離婚諮詢。

近年，以美國為首的ＰＴＧ（Posttraumatic Growth，創傷後成長）研究風氣日益盛行。

你或許經常聽到「創傷後壓力症候群」，這是指因疾病、地震造成的生離死別，或虐待、家暴等嚴峻經歷所導致的創傷，對身心造成的影響。而

ＰＴＧ則是指這些痛苦悲傷的創傷經歷，成了讓人成長的契機。因為受過傷，心靈才能成長。

根據ＰＴＧ的相關研究，一個人的創傷後成長幅度可從五個層次探討。

第一層次．與他者的關係：因為經歷過痛苦，所以對人和善，並能獲得他人的信賴。

第二層次．全新的可能性：不得不轉念思考這些慘痛經驗，因而產生過去從未思考過的選項。

第三層次．身為人的堅強：發現跨越痛苦難關的自己是多麼堅強，因而產生樂觀積極的自我認識。

第四層次．精神性的改變：對超越人類的力量感到敬畏，開始思考生活態度、靈魂、祖靈、死亡等議題。

第五層次．感謝人生：明白「日復一日」並非理所當然，就算是平凡的一天也能心存感謝。

《成人婚戀：懂得選擇才能在婚姻中獲得幸福》（大人の婚活 結婚で幸

せになれる人の賢い選択，暫譯）的作者橋本Kiyomi女士，經營婚友社的她，促成了超過一千兩百對的佳偶。曾有離婚的人來尋求協助時，問了橋本女士：「我的婚姻失敗，這樣也能找到另一半嗎？」橋本女士回答：「你不是婚姻失敗者，而是從婚姻生活中學到很多事的學習者喔！」她認為很多人在經歷離婚的痛苦後，才學會不將過度的期待或自己的價值觀強加於再婚對象身上，反而更能為對方著想。

比起因為害怕受傷而不願意去愛人，那些就算被甩、被傷害也要去愛的人，才能持續成長。因此，就連丁尼生也說：「愛過又失去，比從未愛過好得多。」

只要你曾經愛過，無論傷得多深、痛得多烈，你都能夠再次去愛。並且，因為曾經受傷，你將帶著更多的溫柔前行。

你如何將傷痛轉換成溫柔善良呢？

37 正直能讓愛情修成正果

難以啟齒、羞於表達，歸根究柢只是因為你更愛自己。

——太宰治，小說家

一個人如果戀愛總是不順利，或許與他害怕被拒絕、害怕自尊受傷的心態有關。

A先生在聯誼時認識了美麗的B小姐。他看到她的名牌上寫著「四十幾歲，未婚」，忍不住想著：「這麼漂亮的女生怎麼一直沒對象呢？」於是便開口詢問：「你為什麼到現在還單身啊？」

B小姐聽到後，指著自己的名牌，氣沖沖地說：「原因都寫在上面了，不是嗎？」

A先生不明白自己做了什麼惹對方生氣，眼看情況難以挽救，只好放棄搭訕B小姐。

其實，A先生這種問法是為了隱藏「覺得她好美麗」的害羞心情，但對女方來說，四十多歲還沒結婚這件事讓人感到自卑。所以，一見面對方就說出這句話，就像被人穿著髒鞋一腳踩進內心的禁忌區。B小姐很難原諒神經如此大條的A先生。

稍微想一下就能明白的道理，但A先生卻沒想那麼多。

從戀愛策略來看，隱藏自己的心意不是個好做法。以同一件事為例，如果能坦率地告訴對方：「我第一次遇到像你這麼漂亮的女生，你一直單身未免太不可思議了！」或許結果會有所不同。

如果羞於坦率地將自己的心意傳達給對方，而選擇隱藏真心話，結果就可能被對方討厭。

直接告訴對方「我覺得你很漂亮」、「你是我喜歡的類型」，對許多人來說是難以啟齒的。因為如果這份好感被拒絕，自己就會受傷。所以，大部分的人會在不自覺的情況下，選擇不會讓對方察覺心意的表達方式，藉此拉近與對方的距離。

人們在不讓對方知道自己真心（好感）的情況下，就希冀得到對方的心，這種作為只顧慮到自己，透露出「你其實更愛自己」的心思。

C先生在聖誕節前夕，約了暗戀許久的D小姐出門。

C先生：「聖誕節快到了，要不要一起去吃個飯？聖誕節沒人約的話，我想你應該會覺得寂寞吧？」

D小姐：「什麼？我不會覺得寂寞啊！」

對於人緣好又過得很充實的D小姐來說，這招一點用都沒有。

既然如此，C先生該怎麼開口才對呢？其實聖誕節獨自一人會感到寂寞的是C先生自己，所以可將問句改成：「我一個人過聖誕節覺得很寂寞，想說跟你一起過應該會很開心。你有空的話，願不願意跟我一起去吃飯呢？」這種問法得到的回應會比較好一點。

說出真心話雖然令人難為情，但把自己的感受偷換成對方的感受是懦弱的行為，而且這樣做也不會成功。這種情況經常出現在參加婚友社、相親、談戀愛不順利的人身上。學生時代這麼做可能會讓人覺得可愛，然而長大成人後，這卻是讓對方感受不到一絲誠意的錯誤模式。

長大後的「坦率」，價值是孩提時代的一百倍。成人更需要坦率地說出真心話，否則心意是無法傳達給對方的。

你能不害臊地將自己的真心話傳達出去嗎？

38 內在的光芒更加動人

最美的狀態，就是活得幸福。

——瑪丹娜（Madonna Louise Ciccone），歌手

大家應該都聽過「談戀愛的人會變美」這句話吧？一旦有了心上人，就會想將自己打扮得漂亮一點，讓對方產生好感。像這樣在外表下功夫的人不在少數，但流行天后瑪丹娜曾說：「最美的狀態，就是活得幸福。」

瑪丹娜的這句名言，與慶應義塾大學教授大曾根悠子、前野隆司所做的「美與幸福關係的解析」研究結果一致。

這個研究指出，無論追求外在美還是內在美，都與幸福感息息相關，結果更顯示追求內在（精神美）的人，其幸福感高於追求外在美的人。名為

「幸福」的內在充實感，會展現在外在的妝容、表情、舉止及待人處事的細節上，最終成就了「美麗」。

多年前，有位綽號「電風扇阿姨」的韓國女性，她覺得自己的臉型過於方正，為了變成鵝蛋臉，就請密醫在自己臉上注射矽膠。整形後，她的臉已經圓得像月亮，卻還是不滿意，竟然將家中的食用油往臉上注射，把自己搞得面目全非，昔日的容貌蕩然無存。

我認為她應該是受到「身體臆形症」的影響，因而深陷在根本不存在的外貌缺陷或微瑕疵的恐懼中，並且終日為此煩惱，甚至影響到日常生活。若是男性罹患此症，就可能表現出在意身體上的某些特徵而過度重訓，或太過在意自己的外表。

這種症狀多數情況會引發憂鬱症或自殺行為。若患者在意的是體型，就可能導致飲食障礙症。

患者就算靠整形手術得到了美麗的外貌，卻還是抱持著「我是不是很醜」的自我懷疑。事實上，如果內心沒有幸福感，那也無法過著幸福的生活。如果不是帶著「想變漂亮」的興奮心情去改變自己，而是基於「不想變醜」的強迫觀念，那麼過程中一定會遭遇許多困難，讓幸福指數隨之下降。

動機會影響結果，這就好像撒下牽牛花的種子就會開出牽牛花，而恐懼的種子只會開出恐懼的花朵。唯有愛的種子，能夠綻放出愛之花。深愛自己的個性和魅力，並且好好照顧自己，幸福指數就會上升。

日本POLA幸福研究所的調查顯示，每天保養時都想著「想變成這樣」，而不是「不想變成這樣」的人，幸福指數通常都很高。

幸福，是取決於內心狀態，而非外表的狀態。

芭芭拉．佛列德里克森（Barbara L. Fredrickson）等人撰寫的《心理學導論》裡提到，人們在食衣住行等基本需求獲得滿足後，就會花時間和精力來滿足自身的審美需求。

《我的76歲老伴》（ダーリンは76歳，暫譯）作者西原理惠子認為：「愛上某個人就像甜點，不是味噌或醬油。」

如果身無分文，根本沒錢吃甜點。相較於此，做菜會用到的味噌、醬油這類調味料比甜點更寶貴。因此，戀愛是在食衣住行、工作這些基本需求獲得滿足後，才有餘力去追求的高階需求。

沒有煩心事，能把心思放在談戀愛上，或許就是變美的祕訣。

花朵之所以美麗，是因為能隨心所欲地綻放。它們不會看著鄰近的花朵而改變自己的花瓣顏色或形狀。了解並展現自身的魅力，就是美麗的祕訣。

當內心平靜且幸福時，這份美好必然會呈現在外表上，因為內在與外在始終是相連的。

你是否了解自己的魅力並且覺得幸福嗎？

39 做自己就會遇到命中注定的人

他是上天賜予我最大的幸運。

——可可．香奈兒（Coco Chanel），時尚設計師

若提到「最做自己」的女性，許多人第一個會聯想到的是香奈兒女士。她讓女性擺脫馬甲的束縛，並提倡設計簡約洗練的帽子，取代過去華麗絢爛的款式。那種舒適又便於活動的時尚風格，在戰後女性投入工作的背景下，於全世界掀起風潮。

她常說：「我打造的不是一種風格，而是一種生活態度。」

她認為女性不應該被流行操控，因而提出「自在生活」的人生態度。

這樣的她，總是身處時代的逆風。香奈兒一手打造的時尚風格，在當時過於前衛，因此一開始不被社會大眾接受。不過她卻說：「雖然大家看到我穿的衣服會訕笑，但這就是我成功的關鍵——我不想跟大家穿得一樣。」

理解她並且在各方面都默默支持她的人，就是亞瑟．卡柏（Arthur Capel）。沒有人比他更認同香奈兒的才能，他出錢出力，還深愛著她。不想讓個性十足的香奈兒被囚禁在古典世界的封閉思想中，卡柏鼓勵她追尋自由展翅高飛。

香奈兒曾說，這個最了解自己的男人是「上天賜予我最大的幸運」。

卡柏愛的香奈兒是獨立自主的女性，因此他不會將自己的價值觀強加在她身上，還陪著她一起摸索如何讓事業成功並提供必要的協助。在那個女性還無法經濟自主的時代，香奈兒的地位、名譽和財富都是自己爭取而來的。

心理學上有一種說法，認為單身也能過得幸福的人，才有能力去愛人，並與對方一起獲得幸福。必須靠別人才能幸福的人，通常會比較依賴對方。

如果想讓自己有對象，那麼就要選擇自己喜歡、穿起來舒服的衣服，而不是刻意且彆扭的裝扮。以「自我軸心」而非「他人軸心」過生活，才能真正吸引到跟自己情投意合的人。

比方說，葡萄的美味來自酸味，如果葡萄嚮往桃子的甜味，而在果實上淋了滿滿的巧克力，那麼就會跑來一大群嗜甜不嗜酸的人。

這些人雖然一開始會品嚐到巧克力的甜味，但過沒多久後，葡萄的酸味就會跑出來。當他們嚐到酸味的瞬間，就會對這一切感到失望，如此一來，葡萄永遠遇不到真心喜歡它的人。

只要做自己、活出自己，被自己真實魅力吸引的人就會出現。看到不矯揉造作、最真實的你，對方也不會感到失望。因為自己的腳下自有泉水（魅力）湧出。

那麼該如何找到真正的自己呢？

教練領導學認為：「想活出自己，就得知道該對什麼說NO、該對什麼說YES。」

以香奈兒為例，她對束縛自己身體的馬甲說NO，對方便活動的運動服飾說YES。

大家不妨也試著將自己所穿戴的衣物、交往的對象、自身的行為舉止、思維模式等一切事物，根據是否符合「活出自我」所需的標準，來劃分為「YES」或「NO」吧！

為了活出自己，你會對什麼說YES？對什麼說NO？

第6章

健康與疾病

沉著、冷靜、
心存感謝地品嚐，
食物也能變成良藥。

40 以食物來調整心情

讓食物成為你的藥，不要讓藥成為你的食物。

——希波克拉底（Hippocratic），古希臘醫生

大家有沒有聽過「醫食同源」這句話呢？據說這個概念源自有兩千年以上歷史的中醫裡的「藥食同源」，意思是「食物和藥物的來源是相同的」。

中醫認為「酸」、「苦」、「甘」、「辛」、「鹹」是最基本的味道，統稱為「五味」，五味可對應「五臟」：肝、心、脾、肺、腎。

五味	食材	作用	功效
酸（酸味）	檸檬、番茄、梅子等	止汗、止瀉、止咳	護肝、幫助消化
苦（苦味）	苦瓜、魁蒿、咖啡等	解熱、去除體內濕氣	護心、將血液送往全身
甘（甜味）	蜂蜜、番薯、砂糖等	緩解身體緊繃、促進食慾	護脾、幫助消化吸收、排除廢物
辛（辣味）	生薑、蔥、辣椒等	促進氣血循環、暖和身體	護肺、促進呼吸或全身水分調節
鹹（鹹味）	海藻、蝦子、貝類等	軟化糞便和腫塊	護腎、促進水分儲存與代謝

如上表所示，我們可以藉由均衡品嚐五味來調整體質。日本料理也以「砂糖」、「鹽」、「醋」、「醬油」、「味噌」五款調味料為底，烹調出

各種滋味，而調味均衡就能讓人食慾大開。

日本料理中，以中醫為底的藥膳，也很強調名為「五法」的「生」、「煮」、「烤」、「蒸」、「炸」這五種烹調方式。懷石料理桌上一定會看到以這五法烹調出的菜餚。

另外，也講究「五色」，指料理一定要有青（綠）、紅、黃、白、黑這五種顏色。不只是配色好看，也有健康考量。

比方說，食物油炸後都是咖啡色的，這其實對健康不太好。沙拉、豆類、海藻或魚肉等，像這樣色彩繽紛的菜色，才是營養均衡的一餐。

我偶爾會執行以糙米、蔬菜為主的「大自然平衡飲食法」。某次，協助我進行這個飲食法的老師說：「身體不適時就細嚼慢嚥，並且戒掉你最喜歡吃的東西。」

戒掉最喜歡吃的東西，不是指完全不能食用，而是因為人都有「只要愛吃就會一不小心吃太多」的毛病。因此，身體不適時就先不要吃。

有人在壓力很大時就會攝取過量的酒精或巧克力，人只要心情不好，就會吃一些不健康的東西。切記，在壓力持續累積的情況下，不要只吃一種東西，還是要兼顧營養均衡。

只要飲食均衡，心靈就能取得平衡。外在（環境）和內在（心靈）是相互影響的。執行大自然平衡飲食法的時候，將洗好的米從篩網倒入電鍋的過程中，盡量不要發出聲響。因為聲音也會融入料理，所以盡可能安靜地烹煮。吃了在安靜環境下烹調出來的料理，心情也會跟著平靜下來。

我也會進行飲食冥想。不說話、屏除雜念、咀嚼一百次，仔仔細細地品嚐食物的原味。當內心感到不安、煩躁，這時吃下肚的食物也會變成毒藥。反過來說，只要沉著、冷靜、心存感謝地品嚐，那麼食物也能變成良藥。

41 粗茶淡飯有益身心

粗茶淡飯、坦率正直、每日沐浴、悠閒度日、偶爾排氣。

——南光坊天海，天台宗僧侶

天海和尚是天台宗僧侶，曾任德川家的宗教顧問，侍奉過家康、秀忠、家光三代將軍。活到一百零八歲的天海和尚，在平均壽命只有三十多歲的江戶時代可說是相當長壽。據說有一次德川家康向他請教長壽祕訣時，天海和尚回答：「粗茶淡飯、坦率正直、每日沐浴、悠閒度日、偶爾排氣。」

「粗茶淡飯」並非吃得寒酸，而是指由醃漬物、味噌湯、飯組成的「一湯一菜」。

天海和尚很喜歡納豆，所以也將黃豆食品推薦給德川家康。

俗話說「粗食養生、美食傷身」，在現今這個營養過剩的年代，日本傳統的粗食被視為營養均衡、有益健康的簡約飲食。

以前吃什麼，不是由想吃什麼決定，而是由能獲取到什麼來決定。現在是想吃什麼任君挑選的時代，漢堡排、義大利麵等外來食物五花八門，但如果只吃這些，就會攝取過多的脂肪和鹽分。從江戶時代以來，傳統和食就強調當季食材製作，並且進食保持八分飽，這樣的飲食形式不僅美味，也對身體有益。

「坦率正直」指的是不說謊。

人只要用力圓謊就會開始緊張，測謊機檢測的就是人在說謊時的壓力指數。舉例來說，如果一個人心裡想著「不能偷竊」，但實際行動卻「偷竊了」，那麼這種思想與行為的矛盾就會產生壓力，這就是測謊機之所以能偵測到的原因。

同樣地，減肥時想著半夜不要吃宵夜，卻還是忍不住吃了泡麵時，內心也會感到煩躁，這就是心理學所謂的「認知失調」。想法或行動出現矛盾時，就會讓人感到壓力。

「每日沐浴」就是天天泡澡。

近年來，由於生活忙碌或為了節省水電費，越來越多人選擇只淋浴而不泡澡。不過，淋浴只能讓身體表面的溫度上升，卻無法消除疲勞。而泡澡能促進血液循環，讓氧氣、養分傳遞到全身上下的細胞，同時也能將老舊廢物排出體外，藉此促進新陳代謝，讓人煥然一新。

千葉大學曾以日本十八個鄉鎮村的一萬四千名高齡長者為對象，進行了三年的追蹤調查。結果顯示，相較於一週泡澡不到兩次的長輩，一週泡澡超過七次的人，「需接受長照」的風險減少約三成。

泡澡能讓人感到放鬆，就精神層面來看，也是好處多多。據說也能促進大腦血液循環，達到預防失智的效果。

「悠閒度日」指的是放輕鬆，隨時都要讓心情保持穩定。

人在從事積極活動時，會像踩油門一樣啟動交感神經；而在放鬆、促進身體修復時，則是副交感神經發揮如煞車般的作用。在過去，遇到戰爭等攸關性命的危險時刻，交感神經會被活化。在現代，當我們專注於學習或工作時，交感神經同樣會占上風。不過，繃緊的吉他弦容易斷掉，因此我們偶爾也要讓副交感神經處於優勢，讓自己得以放鬆、獲得休息。

「偶爾排氣」，就是偶爾放個屁的意思。天海和尚認為，擁有如此悠閒平靜的時光，就是長壽的祕訣。

你擁有幾個有助身心的習慣呢？

42 遭遇挫折是件好事

祈求得以成就偉大的健康，卻賜我能做更好之事的疾病。

——無名士兵之詩

無名士兵之詩的全文如下：

「向神祈求賦予我成就大事的力量，祂卻賜我學會謙卑的虛弱。祈求得以成就偉大的健康，卻賜我能做更好之事的疾病。祈求得以生活幸福的財富，卻賜我變得睿智的貧窮。祈求得以獲得眾人讚賞的成功，卻賜我不會志得意滿的失敗。祈求得以享受人生的一切，卻賜我為萬事感到喜悅的人生。縱然沒有讓我得償所願，祂卻聆聽了我的所有請求。縱然違背了神的旨意，我心中無法言喻的祈求卻一一實現。我是世上獲得最多祝福的人。」

人生本來就不可能盡如己意。有人平常認真運動、注重飲食，卻還是會生病。有人孩子剛上小學，在公司領導團隊完成了重要任務，正要大展長才之際，卻因重病倒下。

人活著常會發生這些忍不住感嘆「為什麼是現在」、「為什麼是我」的事情。不過有時候，這其實是潛意識層面的心靈狀態，透過身體表現出來。

罹患癌症的A先生說：「如果沒生病，我就不會辭掉工作了。」

任職於大企業的A先生，正與同期的同事競爭升遷。他有兩個小孩嗷嗷待哺，還貸款買了一間樓房。但生病後，他發現自己早就想辭掉這份工作，只是責任感強又擔心世俗眼光的他不敢貿然離職。如今，他總算有了正當理由辭掉工作。

A先生也因為生病的緣故，比過去更加感謝無怨無悔照顧自己的太太，家人間的感情也變得更好。現在的他，更藉著自身經驗去傾聽許多癌症患者的煩惱。

曾經是職業拳擊手，後來靠自學在建築界闖出名聲的安藤忠雄先生，曾經歷兩次癌症手術，摘除了膽囊、膽管、十二指腸、胰臟、脾臟五個內臟器官。當他聽到醫生說「少了五個器官還活著的大有人在，但沒有人可以活得精神奕奕」，他就決定要讓自己充滿元氣。他開始每天走一萬步，以前吃飯只要十分鐘，現在一定會花上四十分鐘，細嚼慢嚥到食物消失在口中。早已年過八十的安藤先生笑說：「我現在的狀態比生病前還健康，看來我根本就不需要那些內臟。」

某一次，中國業主認為「少了五個內臟還能精神奕奕」是個吉兆，因而千交代萬交代要將案子委託給安藤忠雄來設計。

安藤先生說：「正因為生病，才有這種好事發生。」生病確實讓他養成了健康的生活習慣。

心理學認為，乍看對自己來說是不幸、負面的事情（包含行為和想法）之中，其實隱藏著連自己也沒發現的真切盼望。有時為了達到目的，才會遇到這些事情。這被稱為「肯定性意圖」。

比方說，因為睡過頭而上班遲到時，會自責地想說：「糟糕！完蛋了！我真是爛透了！」但在潛意識中，或許「遲到」是為了讓你疲憊的身軀得到休息。

像這樣從經歷過的事情裡去找到正面的意義，就不會陷入莫名的沮喪。

生病也是一樣，只要問自己：「這場病的正面意義是什麼？」或許你就能找出其中的人生意義。

發生在你身上的一切，當中的「肯定性意圖」是什麼？

43 面對無法避免的災厄時

不受第二支箭。

——佛陀，佛教始祖

遭遇不幸時，你會如何面對？

在佛陀的教誨中，有一句話是：「被第一支箭射中後，又被第二支箭射中。」這是佛陀在弟子問及「修行者與凡人區別」時所給的答案。

什麼是「第一支箭」與「第二支箭」呢？就以生病為例來說明吧。

包括佛陀在內，沒有人能躲得過生病這件事。只要生病，就會體會到肉體的苦痛。這種苦痛就是第一支箭。

這些肉體的苦痛會帶來「為什麼生病的人是我」、「要是繼續惡化下去該怎麼辦」等精神上的折磨，這就是第二支箭。

像佛陀這樣的修行者，就不會受到第二支箭的影響。

我罹患癌症時，有位成功逃離癌症魔爪的前輩告訴我：「就算生病，也不要變成病患。」

這位罹患肝癌的前輩，曾被宣告最多只能再活半年。不過，他二十多年來精神奕奕，甚至還多次成功跑完檀香山馬拉松。就算生病是身不由己，也不能終日以淚洗面、鬱鬱寡歡，而是要找出讓自己快樂過生活的方式。這正是雖然中了第一支箭，卻不受第二支箭影響的最好證明。

不少人在被診斷出罹患癌症時會感到不安，急忙上網找資料，還會去看罹患相同疾病的人所寫的網路文章。

若能藉此獲得正確資訊當然是最好不過，問題是網路上充斥著錯誤百出的負面資訊，只會讓人看了更加不安，甚至夜不成眠。這樣反而會造成免疫力下降，對身體一點好處也沒有。這就是中了第一支箭後，又受了第二支箭的結果。

我將「就算生病，也不要變成病患」這句話銘記在心，積極執行大自然平衡飲食法，盡可能正常工作，並提醒自己不要太過在意病情。

我是在愛知縣癌症醫療中心接受治療的，主治醫生說他也會提醒自己別中第二支箭。狀況不好或工作太忙時（中第一支箭的狀態），比較無法認真傾聽患者說的話（中第二支箭的狀態），所以他會時時提醒自己要避免這個情況。

心理學認為，能力與內心狀態成正比。

醫療人員每天都要透過調整自己的內心狀態，才能真誠地面對患者，提供適切的醫療。

NLP心理學也說：「你無法選擇會遇到什麼樣的人事物，但你可以選擇從什麼角度來看待這一切。」

人的一生都會遇到討厭的人、面臨事故、生病和死別等災難，因此我們是躲不開第一支箭的。不過，你可以選擇用什麼樣的想法或觀點來面對這一切，所以無須過度不安或沮喪。

不想受第二支箭，其實也不需要特別做什麼事。

日本俗諺說「里行勝山行」，這句話可以有各式各樣的詮釋。不過，我的解釋是：「與其一個人在深山刻苦修行，鄉里間的人際關係，更能嚴格地磨練自己。」

在日常生活中，隨時都能選擇不受第二支箭的思考模式或行動。

為了不受第二支箭，有哪些是你能做的事？

44 感知生命的軌跡

悟道並非身處何處都能平靜地死去，而是無論身處何處都能平靜地活著。

——正岡子規，俳句詩人

寫出「我吃著柿子，聽著法隆寺的鐘聲」等代表作的俳句詩人正岡子規，在甲午戰爭時以記者身分從軍，卻在返國途中罹患了當時的不治之症「結核病」。

爾後結核菌擴散到脊椎，引發結核性脊椎炎，雖然動過幾次手術，但症狀並未好轉，最終讓正岡子規只能長年臥病在床。雖然每天都與病魔搏鬥，痛到無法翻身，正岡子規仍堅持創作，寫出一首首俳句、短歌和隨筆，年僅三十四歲便與世長辭。

正岡子規的代表作之一：「我多次問過家人，雪積得有多深。」小時候的我不懂箇中含意，還以為是他看到雪景後滿心歡喜寫下的。其實，這是因為他臥病在床無法起身去看庭院的積雪，只能詢問家人積雪的厚度。

我身上的癌細胞也曾多次復發，不斷反覆進出醫院。

春天住院時，我很喜歡躺在病床上看外面的櫻花。住在同一間病房靠門口的病友，只要看到靠窗的病床空出來，就會要求移到窗邊。因為在無法外出的情況下，沒有比透過窗戶感受外界四季變化更開心的事了。

我在生病後，也曾看著子規的作品忍不住淚流。

那是他過世前寫下的「絕筆三句」之一：「咳痰一斗，縱有絲瓜水，亦於事無補。」

一斗約莫是十八公升，作品描繪他臨終前咳出了大量的痰，但據說能止咳的絲瓜水只能從莖部取得極少量，已經來不及拿來治病了。當中隱含了自己「命不久矣」的意思。

一想到在那個醫療和藥物尚未發達的時代，子規承受的痛苦折磨與心情，就讓我忍不住流下眼淚。

因病而倒下時，會感覺自己身上籠罩了一層死亡的陰影。

在診間聽到醫生宣布癌症復發時，我就已經有了要告別人世的覺悟。雙手不停顫抖的我，慌張到連要拿到繳費櫃檯的單據都掉到地上。人都會死，什麼時候離開人世也無所謂。不過，我害怕的是身體若被病魔折磨到最後一刻，樣貌會有多醜陋？疾病和治療的副作用會有多痛？隨著病情的惡化，我的工作、生活該怎麼辦？在無法照顧自己又失去意識的情況下死去，是不是會給人添麻煩？比起死亡，更讓我感到不安的是必須與疾病共處這件事。

正岡子規說的這句：「悟道並非身處何處都能平靜地死去，而是無論身處何處都能平靜地活著。」對此，我深有所感。

生病時在病床上忍受劇痛，以及湧上心頭的不安和悲傷，這種情況下要活得安穩、達到悟道的境界，難度相當高。正是因為知道他是在這樣的情況下寫出無數佳作，這種生活態度才會讓我在病床上讀著他的作品而落淚了。

讀完他的作品後，我也盼望自己能一步步靠近「無論處在何處都能活得平靜」的境界。不要過著把不安、悲傷吞下肚的生活，而是無論面臨何種狀況，都能好好珍惜平凡的日常。

要怎麼做，才能專注於當下自己能做的事，並在死亡敲門之際，能像迎接老友般平靜地接受，微笑地向大家告別呢？我總是不斷地如此自問。

想要活得安穩，哪些是你能做的事？

第 7 章

金錢觀

思考什麼樣的標籤，
能讓自己
對金錢感到自在與舒服。

45 標籤會決定行為

金錢就像一面放大鏡，它能駭人地映照出一個人的本質。

——大衛・克魯格（David Krueger），精神科醫生

「金錢是○○」——你會在○○填入什麼呢？

在教練領導學的講座中提到「金錢觀」時，我會問參與者這個問題。接著臺下紛紛出現各式各樣的答案，像是：「金錢是不工作就拿不到的東西」、「錢很髒」、「金錢會給人力量」、「金錢會給我自由」……

這個問題的背後目的，是想知道人們將金錢貼上什麼標籤（賦予什麼樣的價值）？

我們以自己貼上的標籤來看待世界。

A先生小時候曾將五十元的冰淇淋，以一百元賣給朋友，朋友媽媽知道後就大聲斥責了A先生。這件事讓他在潛意識中，有了「賺錢不是件好事」的想法。

長大後的A先生雖然自行創業，但卻債務纏身、收入不穩定。直到他接觸心理學才察覺到，原來自己的金錢觀是這樣形成的。

於是，A先生將自己的信念改為「賺錢不是壞事，我有賺錢的能力」。從那之後，業績便蒸蒸日上。

B先生給金錢貼上的標籤是：「錢要省著用，不可以亂花。」心中存著這種想法，讓他每逢需要付錢的時候都深感痛苦。就連跟家人出去吃飯，B先生也會說：「居然花了這麼多錢……」這讓家人雖然享受了美味的餐點，內心卻充滿罪惡感。

這也使得B先生做什麼都不開心，因為他沒有發現用錢可以「買到好心情」這個道理。

一位協助失智症治療的醫生，在演講時提到：「很多罹患失智症的長輩都會說：『那個人搶了我的錢！』、『我抽屜裡的錢被偷了！』之所以如此，是因為很多人在年輕時都因為錢吃了不少苦頭。」日常生活中，最容易讓我們有所執著的必需品就是錢。

大衛·克魯格在《金錢的祕密語言》（*The Secret Language of Money*，暫譯）提到：「金錢就像一面放大鏡，它能駭人地映照出一個人的本質。」

如果買彩券中了一百萬日圓（約二十萬臺幣），你會怎麼花呢？

正在學英文的人，或許會拿這筆錢出國留學。這麼做就是將錢貼上了「這筆錢是唸書所需，也是將來的投資」這個標籤。

平常將錢花在奢侈品上的人，或許會用這筆錢來買高級舶來品或手錶。這麼做就是將錢貼上了「穿戴高級名牌，才不會被人瞧不起」這個標籤。

平常就熱心公益的人，應該會把這筆錢捐出去。這麼做就是將錢貼上了「錢是助人的道具」這個標籤。

有人會因為豪爽地買了高級奢侈品，聽到店員誇獎自己「眼光好」就會感到心情愉悅，因而買下一大堆平常根本用不到的東西。這就是將「花錢」貼上了「受人矚目」、「受人尊敬」這類滿足自我認同欲望的標籤。長期下來，這會讓自己陷入沒錢花卻依然戒不掉購物欲望的窘態，最後將自己逼入絕境。

如果給金錢貼上會束縛自己的標籤，生活就會變得痛苦。對金錢產生過度期待，或是認為錢很骯髒而心生厭惡，都不是好事。重要的是，我們要思考什麼樣的標籤，能讓自己對金錢感到自在與舒服。

你將金錢貼上什麼樣的標籤呢？

46 過多會讓人無法負荷

擁有得越多就越容易被困住，擁有得越少就越自由。

——德蕾莎修女，聖人

先來說一則寓言故事。

有個男人請教正在周遊列國的僧侶：「如果想心無旁鶩地冥想修行，我該怎麼做才好？」僧侶回答：「身無一物，入山修行。」結果男人穿著一條兜襠布*就上山了。

不久之後，這條兜襠布就被老鼠咬得破破爛爛。為了驅鼠，男人養了一隻貓。

為了餵貓奶水，男人決定養牛，並且下山去工作。

牛必須有人照料，於是男人娶了妻子。

為了養家，男人就去租田耕種。

孩子呱呱落地後，男人在田裡從早忙到晚，根本沒時間冥想了。

幾年後，僧侶來找男人，問他：「這是怎麼一回事？你沒上山修行嗎？」男人回說：「我穿著兜襠布上山，但失敗了。」

擁有得越多，就越無法修行；想維持一切，就得付出越多努力。

現代人隨著車貸、房貸陸續增加，為了維持這些就得拚命賺錢。只是這麼一來，生活就會失去自由。

在這個家裡堆滿各式雜物的時代，說到家電產品，很多人的家中可能不只吸塵器、電視，就連烤麵包機、空氣清淨機也紛紛占據了房子的一角。便利的廚房用品、文具等更是多到滿出來，衣服也塞滿衣櫃。衣服一多就需要

※日本傳統的男性內褲，以長條棉布遮蔽下體。

送洗或使用熨斗燙平，光是處理這些就會花上許多時間與心力。

我們獲得了物質上的享受，卻失去了時間。這之中也包括了跟重要的人相處、做自己真正想做之事的時間。

不過，人只要得手就不會輕易放棄，因為我們總是擔憂：「如果放手了，以後再也得不到怎麼辦？」

哈佛大學心理學者亨利．默瑞（Henry Murray）將人類的需求，統整出「十一種由器官形成的需求」（一般稱為生理需求），以及「二十八種由心理產生的需求」（一般稱為社會需求）。許多心理學家據此延伸出不同分類的需求。

①十一種由器官形成的需求（生理需求）：想吃東西的食慾、想呼氣的呼吸需求、想避開有毒刺激的避毒需求等。

②二十八種由心理產生的需求（社會需求）：想獲得金錢或某個東西的需求、想獲得他人肯定的認同需求、失敗時不想被嘲笑的迴避屈辱需

求等。

當需求無法獲得滿足時，就會變成煩惱，有了煩惱就會感到痛苦。或許有人會想著，除去這些欲求不就好了嗎？不過，這就好像雪人少了雪就會消失一樣，人若沒有煩惱，也什麼都不剩了。

佛教有句話說「煩惱即菩提」，悟道（菩提）與破壞這一切的迷惘（煩惱）都是人類的本能。有煩惱才會有追求悟道的心。

想要小孩，但生了之後就得為小孩操煩。想要創業所以離開公司，但隨之而來的是為公司的經營操煩。擁有得越多，煩惱也就越多。

因此，最重要的是，要了解自己的需求，思考哪些人事物是你幸福人生的必需品。據說德蕾莎修女一生只擁有兩件紗麗服和一個小包包。她擁有得不多，但終生都為信念而活。

你現在所擁有的，真的都是必要的嗎？

47 害怕失去的恐懼會蒙蔽內心

人都怕吃虧，但也因為這樣才吃虧。

——羅勃特・T・清崎（Robert T. Kiyosaki），企業家、作家

你是否有過這樣的經驗，因為收到「點數即將過期」的通知，心想著「要趕快用掉」，而買了一堆非必要物品，搞到最後，家裡堆滿用不到的東西，光是整理就花上許多時間跟精力。

經常有因為不想吃虧而想盡辦法避開風險，結果損失更慘重的案例。行為經濟學將這種想要避免損失的心態，稱作「損失厭惡」。街頭上隨處可見「限時七折」這類透過「損失厭惡」來刺激消費欲的廣告。

怕吃虧反而損失慘重的，不只有時間或精力。

A先生每天都工作到半夜，就連放假也會到公司加班。假日上班可選擇加班費或補休，但A先生認為「比起放假，更想要賺錢」，因此幾乎全年無休。不過，最近A先生因為缺乏運動、暴飲暴食等不良生活習慣，再加上家族遺傳的因素而病倒了，藥物變成每天隨身必備的物品。

A先生想賺錢，但想休息的身體卻發出了哀嚎。他選擇忽略身體的苦苦哀求，只擔心自己賺不到錢，結果對身體造成傷害，一輩子都得接受治療。想賺錢的他，到頭來反而吃了大虧。

B先生非常討厭把錢從皮包裡掏出來的感覺，因此他總是提醒太太，浴室的抽風機不要全天候開著。

其實一整天開下來的電費，每個月也不過五十日圓左右。如果顧慮到太太清理霉斑的辛勞，那麼全天開著抽風機才是正確的選擇。再說，清理霉斑也是要花「勞力」跟「清潔用品」的。

B先生不只對小錢斤斤計較，連對太太都很小氣。

有人不看書是認為書太貴了。不過，書中記載了前人克服困難的經驗、成功人士事業有成的祕訣，花個一千五百日圓就能買到這些人的傾囊相授，其實是相當划算的。不讀書的人根本沒發現自己就這樣失去增進知識和見解的機會。

凡事都以會不會「吃虧」做考量的話，得到跟失去的東西就會有所不同。這時候，不能只在意從自己錢包掏出去的錢。付錢買時間、經驗，可以讓自己的生活過得更加豐富，說不定還能獲得成功的機會。

即便短期內失去了金錢，但就長遠來看，也可能會因為獲得了經驗和知識，為自己帶來更多收入。

除此之外，繳錢參加各種課程，就有機會認識平常不太會有交集的人。建立人脈也能讓自己有所成長。

企業家堀江貴文先生曾說：「不要存錢，要存信用！」只要獲得他人的信用，當你在為錢苦惱的時候，也會有人主動提供三餐或住處。單純擁有錢，是無法保護自己的。

花錢的時候，最重要的是去思考這筆錢是用在「浪費」（花在無用的東西）、「消費」（購買必要的東西），還是「投資」（用來讓自己成長）。

「不想吃虧」是一種恐懼的情感表現。在潛意識的世界中，動機會影響結果。把錢拿出來之前，先冷靜思考這筆支出是浪費？消費？還是投資？這麼做就不會被負面情感耍得團團轉，錢花起來也能更加痛快。

這筆支出是浪費？消費？還是投資？

48 成為金錢的主人

貪財是萬惡之根。

——《新約聖經》

漫畫裡的小霸王只要開口說：「想玩這個玩具的人，就得聽我的！」圍繞在他身邊的跟班通常就會乖乖聽話。

不過，現實生活中要是聽到有人說：「給你一萬，你要聽我的話！」你會接受嗎？

覺得一萬太少的話，加碼到一百萬、兩百萬，你會接受嗎？

當我們有負債等金錢問題時，就很容易變成金錢的奴隸。

以做生意為例，如果經常在調頭寸，就會被迫接下一些吃力不討好的工作。這就叫做「飢不擇食」，明明知道吃了會肚子痛，但餓了還是得吃。

《新約聖經》有言道：「貪財是萬惡之根。」

若沒有正確的金錢觀，就容易接受他人的惡意提案，成為金錢的奴隸。

A先生大學畢業後的第一份工作，不但沒有午休時間，就連假日也會不斷接到公司的來電。但他的上司卻說：「你就是沒有認真工作，才無法午休」、「你的工作量對不起公司給你的薪水」，一天到晚都在霸凌他。雖然公司違反勞基法，但當事人如果沒有正確的觀念，就會有「既然公司付我薪水，再辛苦也得忍」的想法。在黑心企業忍受這些不合理工作條件的人，經常就被洗腦成金錢的奴隸。

為人吝嗇，同樣是金錢的奴隸。因為你的行動被金錢控制了。

日本「公園之父」本多靜六，出身清寒的他吃盡苦頭，當上東京大學教授後，不僅實踐「每月存下四分之一的薪水」，還靠投資賺了不少錢。但他退休時，卻把所有財產捐出去。

關於吝嗇與節儉的差別，他曾說過：「吝嗇跟節儉截然不同。吝嗇是該花的錢不花，甚至為了貪婪而缺乏人情義理。節儉乍看相似卻完全不同，節儉是該花的錢會好好花，並且重視人情義理、安分守己，排除一切浪費，過著節制的生活。」

過度執著於金錢，吝嗇到連該花的都不花，就會失去別人對自己的信任。什麼都想殺價，對某些商品或價值來說，這是一種侮辱。因此，「重情重義，該花則花」是很重要的。

另一方面，有些人花錢如流水，經常買了一堆不需要的奢侈品。

債務纏身的A先生，覺得開跑車到超商只買一罐果汁很丟臉，就算喝不了那麼多，也硬是多買好幾罐。明明就沒人在意，卻要故作大方，這讓他的經濟狀況雪上加霜，因而終日為錢所苦。無法靠自己的力量控制收支，被金錢耍得團團轉的人，也是金錢的奴隸。

對金錢的常識或判斷能力，就是所謂的「理財素養」。

日本人常被批評理財素養不好。這是因為日本多年以來，將金錢的相關話題視為禁忌，沒什麼機會學習理財觀念，因而讓日本人很少思考自己對金錢所抱持的價值觀，或是賺錢、花錢時內心的感受。

重要的第一步，可以從閱讀金融理財書籍、學習相關知識開始！

你對金錢的認識有多少？

聚沙成塔

小心那些微不足道的支出！小洞也能讓大船沉沒。

——班傑明．富蘭克林（Benjamin Franklin），政治家、物理學者

49

你是否認為，那些被債務壓得喘不過氣的多重債務者，都是因為沉迷於賭博？

然而，根據日本律師聯合會公布的二〇二〇年破產暨個人債務重生記錄調查的數據顯示，造成多重債務的原因，第一名是生活困苦及低收入（61．69％）、第二名是疾病及醫療費用（23．31％）、第三名是失業及換工作（17．58％）。陷入多重債務、申請個人破產的人，其實很多都不是賭徒，而

是汲汲營營過生活的普通人。

A小姐的父親在老街經營一家小小的居酒屋，隨著熟客年齡漸長，生意越來越慘淡。與此同時，父親因一場突如其來的重病住進了醫院，債務問題瞬間爆發。

首先是因為沒繳保險費，所以父親必須支付高額的住院費用；接著又因為付不出店面租金、器材租金等，讓欠債一下增加到五百萬日圓。這讓身為連帶保證人的A小姐，每天都受到討債電話的疲勞轟炸。

因為經營惡化、裁員離職、受傷生病導致入不敷出而去借錢的例子，不在少數。一個人若沒有金錢概念，在收入無虞時還不至於出什麼亂子，但要是突然沒了收入，債務就會像雪球般越滾越大。

「買了但一次也沒穿的衣服直接塞進衣櫃」、「一口氣買了一大堆食物，吃不完就放進冰箱裡冰到壞掉」……就算每樣東西的金額都不高，長期下來還是會聚沙成塔。

買東西時，不費吹灰之力就能達成目標，這種輕鬆感讓大腦感到愉悅。

因此，有人會靠花錢來紓壓。

相對地，在減肥時，為了達成目標必須辛苦地運動、飲食控制，這個過程就無法讓大腦感到愉悅。

行動經濟學家理查・塞勒（Richard H. Thaler）曾提出「心理帳戶」的概念，指的是縱然金額相同，但人的感受會隨著「如何獲得？」、「用在何處？」而有所不同。

譬如說，人們在面對「打工一天賺到的一萬日圓」和「買彩券中的一萬日圓」的時候，花錢的方式會不一樣。輕鬆獲得或被認為是臨時收入的話，很容易隨意揮霍。日本有句俗語說「橫財不留身」，就是這個道理。

關於現金和信用卡消費的差異，學界有諸多看法。而根據麻省理工學院教授卓瑞森・普瑞雷克（Drazen Prelec）所做的心理實驗結果顯示，人們在刷卡消費時，即使金額是付現的兩倍，也會毫不猶豫地刷下去。

網路上購物大多是使用信用卡付款，花錢的實感就越來越淡薄。

另外，近年來「訂閱制」服務也日益增加。就心理帳戶的角度來看，「每個月最多花〇〇元」，只要不超過一定的金額，就沒什麼好擔心的。因為人都討厭吃虧，才會讓訂閱制服務如此受歡迎。

線上影音平臺、美容院、咖啡寄杯等，每個月只收取固定費用就能享受服務，很容易讓人忍不住就加入會員。可是，忙起來的時候，根本就用不到幾次。如果不懂得怎麼善加利用，毅然放棄才能節省開銷。

一開始只是微不足道的支出和習慣，但在持續反覆的過程中，可能會對自己的生活、工作、人際關係造成負面影響。千萬別對一開始的小破綻坐視不管，及早彌補是很重要的。

你的消費行為中有小破綻嗎？

50 貧窮時學習有錢人的生活方式

就算窮也請排在有錢人的最後面。

——猶太人名言

ＮＬＰ心理學提到的「模仿」概念，指的是學習成功人士的行為舉止和思考模式，時間久了就會在自己身上看到成果。以此類推，為錢所苦的人，也應該模仿有錢人的思考模式或行為舉止。

三十一歲就成為億萬富翁的美國企業家吉姆．羅恩（Jim Rohn）曾說：「你就是你身邊最常相處的五位朋友的平均值。」

這句被稱為「五人平均值」的名言，意思是你在不自覺的情況下會受到經常跟自己相處的人影響，無論是說話方式、行為舉止、思考模式甚至是年收入。其中影響最大的對象，就是從小一起生活的養育者。

跟我一起學習心理學的Rikyu Partners會計師法人代表谷口雅和先生，有個外號叫做「杜賓犬會計師」。這個稱號起因於谷口先生的父親，曾因為擔任下屬的連帶保證人而負債，只好賣掉房產還錢，但過程中遭到討債集團以激烈手段逼迫，甚至放了一隻杜賓犬在他們的公寓走廊上。

父親留下一屁股債就離家出走了，被拋棄的家人只能住在沒電的房子裡。谷口先生也成為討債集團窮追不捨的對象，他白天在會計師事務所上班，晚上則到小鋼珠店兼差，還承接了店內清洗菸灰缸的工作，洗一個可以賺四塊日圓。

當一個人看到父親曾為借貸所苦，照道理他會對消費金融借款感到質疑才對。然而，人們會無意識地學習父母使用金錢的方式，最終不是像父母一樣行事，就是走向完全相反的道路。所以說，我們與金錢打交道的方式，基本上是從身邊的人學來的。

這件事也在谷口先生的身上印證。在他成立會計師事務所的時候，他沒有向銀行融資，而是使用現金卡小額借貸。正當谷口先生對金錢感到不安、公司經營不順的情況下，他接觸到了心理學，成功置換了自己那個負面消極的金錢觀。

與此同時，谷口先生也學到了「模仿」這個概念。

若想達成目標，就要效法該領域的成功人士。

谷口先生從事業有成的會計師、經營者、同業身上學到很多，只要是對自己有幫助的，就毫不猶豫地一律採用並加以執行。

結果，在據稱有八成會計師事務所收入減少的環境下，他的事務所從創業以來，仍然連續每年平均成長15%，並發展成為一家大型企業。他仿效同業的成功模式，並持續加入自己的原創構想，最終讓自家公司成為業界的領頭羊。

剛轉換跑道成為業務的A先生，一開始還不習慣新職務，所以客戶不多。於是他跑去找王牌業務員前輩共進午餐，向他們請益並研究他們平常都在做什麼。對一般人來說，業績不好去找王牌業務聊天，可能會覺得尷尬。不過，A先生從這些交流中得知，前輩們會請客戶吃飯、年底送年曆、一年會發四次電子報等與客戶保持連絡的作為，所以他也有樣學樣跟著做起來。

在業績不佳的時候，還要花這麼多錢跟客戶聯繫感情，很多人會覺得負擔太重而放棄，但A先生堅持仿效並貫徹前輩的做法。這番努力的結果，讓他一舉登上王牌業務員的寶座，並且蟬聯至今將近二十年了。

功成名就前，向領域內的成功者學習是很重要的。遭遇挫折時，該做的不是嫉妒或怨恨那些成功人士，而是要從他們身上學到成功的祕訣並加以實踐，才是最務實的成功之道。

結語

感謝大家讀到最後。

不知道大家有沒有從這本書裡，找到幾句能改變你人生的名言呢？

也許你在讀這本書的時候，會一邊畫線或是貼標籤做記號。

當你的人生舞臺出現變化，畫線或貼標籤的地方就會有所不同。因此，希望大家有空時可以回來翻翻這本書。

人生要往哪個方向走，都取決於自己的心。

我在不安、想進行挑戰或是陷入痛苦時，都會緊握著這些如護身符般的名人格言，並且將學習到的心理學加以實踐。這些作為都促使我一步一步往前，平安順利地度過暴風雨的夜晚。

藉著名人格言克服種種困難的過程中，這些字句都成為我的經驗，不知何時也開始變成從我口中說出的話。

所有的心理學都是半成品，唯有根據你的人生課題客製化且加以實踐後，才是成品。

請大家盡可能找到能打動人心的格言，以及客製化的心理學實踐方式，以此來克服自己所面臨的人生課題。

困難不會出現在配角面前，只會出現在主角眼前。

專屬於你的英雄冒險旅程已經展開了。

期待有一天，能聽到你人生故事的後續發展。

藤本梨惠子

國家圖書館出版品預行編目資料

讓自己活得更輕鬆的50個心理習慣：寫給想太多的你，打破思維慣性，不再對每件事繃緊神經／藤本梨惠子著；王薇婷譯. -- 初版. -- 臺北市：日月文化出版股份有限公司，2025.07
240面；14.7×21公分. --（大好時光；95）
譯自：いつもよりラクに生きられる50の習慣
ISBN 978-626-7641-62-0（平裝）
1. 自我實現 2. 生活指導
177.2 114005769

大好時光 95

讓自己活得更輕鬆的50個心理習慣

寫給想太多的你，打破思維慣性，不再對每件事繃緊神經

いつもよりラクに生きられる50の習慣

作　　者：藤本梨惠子
譯　　者：王薇婷
主　　編：藍雅萍
校　　對：藍雅萍、張靖荷
封面設計：萬亞雰
美術設計：林佩樺

發 行 人：洪祺祥
副總經理：洪偉傑
副總編輯：謝美玲
法律顧問：建大法律事務所
財務顧問：高威會計師事務所
出　　版：日月文化出版股份有限公司
製　　作：大好書屋
地　　址：台北市信義路三段151號8樓
電　　話：（02）2708-5509　傳　　真：（02）2708-6157
客服信箱：service@heliopolis.com.tw
網　　址：www.heliopolis.com.tw
郵撥帳號：19716071 日月文化出版股份有限公司

總 經 銷：聯合發行股份有限公司
電　　話：（02）2917-8022　傳　　真：（02）2915-7212
印　　刷：軒承彩色印刷製版股份有限公司
初　　版：2025年07月
定　　價：360元
I S B N：978-626-7641-62-0

日月文化集團
HELIOPOLIS
CULTURE GROUP

客服專線 02-2708-5509
客服傳真 02-2708-6157
客服信箱 service@heliopolis.com.tw

廣告回函
台灣北區郵政管理局登記證
北台字第 000370 號
免貼郵票

日月文化集團 讀者服務部 收

10658 台北市信義路三段151號8樓

對折黏貼後，即可直接郵寄

日月文化網址：**www.heliopolis.com.tw**

最新消息、活動，請參考 FB 粉絲團

大量訂購，另有折扣優惠，請洽客服中心（詳見本頁上方所示連絡方式）。

大好書屋

寶鼎出版

山岳文化

EZ TALK

EZ Japan

EZ Korea

日月文化集團
HELIOPOLIS
CULTURE GROUP

感謝您購買 讓自己活得更輕鬆的50個心理習慣

為提供完整服務與快速資訊，請詳細填寫以下資料，傳真至02-2708-6157或免貼郵票寄回，我們將不定期提供您最新資訊及最新優惠。

1. 姓名：________________　　性別：□男　□女
2. 生日：______年______月______日　　職業：
3. 電話：（請務必填寫一種聯絡方式）
（日）______________（夜）______________（手機）______________
4. 地址：□□□ ______________________________
5. 電子信箱：______________________________
6. 您從何處購買此書？□______________縣/市______________書店/量販超商
□______________網路書店　□書展　□郵購　□其他
7. 您何時購買此書？　年　月　日
8. 您購買此書的原因：（可複選）
□對書的主題有興趣　□作者　□出版社　□工作所需　□生活所需
□資訊豐富　□價格合理（若不合理，您覺得合理價格應為______）
□封面/版面編排　□其他______________________________
9. 您從何處得知這本書的消息：　□書店　□網路／電子報　□量販超商　□報紙
□雜誌　□廣播　□電視　□他人推薦　□其他
10. 您對本書的評價：（1.非常滿意 2.滿意 3.普通 4.不滿意 5.非常不滿意）
書名______內容______封面設計______版面編排______文/譯筆______
11. 您通常以何種方式購書？□書店　□網路　□傳真訂購　□郵政劃撥　□其他
12. 您最喜歡在何處買書？
□______________縣/市______________書店/量販超商　□網路書店
13. 您希望我們未來出版何種主題的書？______________________________
14. 您認為本書還須改進的地方？提供我們的建議？

____

____

____

____